www.ingramcontent.com/pod-product-compliance
Lightning Source LLC
LaVergne TN
LVHW011951070526
838202LV00054B/4890
9788196005566

سائنس نامہ

اردو میں سائنسی مضامین کا مجموعہ

ڈاکٹر محمد اسلم فاروقی

پرنسپل، گورنمنٹ ڈگری کالج ظہیر آباد (تلنگانہ)

© Dr. Mohammed Aslam Faroqui
Science Nama (Essays)
by: Dr. Mohammed Aslam Faroqui
Edition: December '2022
Publisher & Printer:
Taemeer Publications, Hyderabad.

ISBN 978-81-960055-6-6

مصنف یا ناشر کی پیشگی اجازت کے بغیر اس کتاب کا کوئی بھی حصہ کسی بھی شکل میں بشمول ویب سائٹ پر اَپ لوڈنگ کے لیے استعمال نہ کیا جائے۔ نیز اس کتاب پر کسی بھی قسم کے تنازع کو نمٹانے کا اختیار صرف حیدرآباد (تلنگانہ) کی عدلیہ کو ہوگا۔

© ڈاکٹر محمد اسلم فاروقی

کتاب	:	**سائنس نامہ** (سائنسی مضامین)
مصنف	:	**ڈاکٹر محمد اسلم فاروقی**
صنف	:	تحقیق
ناشر	:	تعمیر پبلی کیشنز (حیدرآباد، انڈیا)
زیر اہتمام	:	تعمیر ویب ڈیولپمنٹ، حیدرآباد
سالِ اشاعت	:	۲۰۲۲ء
تعداد	:	(پرنٹ آن ڈیمانڈ)
طابع	:	تعمیر پبلی کیشنز، حیدرآباد -۲۴
صفحات	:	۱۳۲
کمپوزنگ و سرورق	:	شفیع سلمان، الامیر گرافکس، نظام آباد
ملنے کے پتے	:	ڈاکٹر محمد اسلم فاروقی، فون: 09247191548
		ہدیٰ بک ڈپو، چھتہ بازار، حیدرآباد
		نیشنل بک ڈپو، احمدی بازار، نظام آباد

انتساب!

والدین اور اساتذہ کے نام

جن کی تربیت نے مجھے علم سے فیض حاصل کرنے

اور

علم کا فیض عام کرنے کا سلیقہ سکھایا۔

4

فہرست مضامین

☆	کچھ اس کتاب کے بارے میں — ڈاکٹر محمد اسلم فاروقی	6
☆	ڈاکٹر محمد اسلم فاروقی اور ان کے سائنسی مضامین — محمد مصطفیٰ علی سروری	7
1)	ہمارا ماحول اور اس کے تشکیلی عناصر	10
2)	فضائی آلودگی	13
3)	آبی آلودگی	16
4)	جنگلاتی وسائل اور ان کا تحفظ	19
5)	توانائی کے قابل تجدید وسائل	23
6)	زیرزمین پانی کی سطح کیسے بڑھائیں؟	28
7)	پلاسٹک کے استعمالات فائدے اور نقصانات	33
8)	تمباکو نوشی اور اس کے مضر اثرات	54
9)	اسلامی تعلیمات اور مرض ایڈز سے تحفظ	41
10)	احتیاط علاج سے بہتر	49
11)	صحت ایک عظیم نعمت	54
12)	آنکھوں اور بالوں کی حفاظت	57
13)	کلونجی کے فائدے	62
14)	حجامہ سنت طریقہ علاج	66
15)	دودھ ایک مکمل صحت بخش غذا	71

76	نمک کی اہمیت	(16
80	X- Rays لاشعائیں	(17
83	حرام اور حلال جانور	(18
88	انفارمیشن ٹیکنالوجی کیا ہے؟	(19
92	ذرائع ابلاغ اور اس کے اجزا	(20
95	ہندوستان میں ٹیلی ویژن کی ترقی	(21
99	ہندوستان میں ریڈیو کی ترقی	(22
102	ہندوستان میں اردو صحافت	(23
106	تعلیم میں جدید ٹیکنالوجی کا استعمال	(24
116	فیس بک سہولت یا لعنت	(25
122	انفارمیشن ٹیکنالوجی اور اردو	(26
125	اردو ذریعہ تعلیم سے روزگار کے مواقع	(27

کچھ اس کتاب کے بارے میں

سائنس نامہ میرے سائنسی مضامین کا مجموعہ ہے۔ اردو میں سائنسی ادب بہت کم لکھا جاتا ہے اور فی زمانہ سائنس میں ہونے والی ترقی اور نئی ایجادات کے بارے میں بہت ہی کم معلومات اردو میں ملتی ہیں۔ اردو زبان وادب کے قارئین کی دلچسپی کے لئے میں نے انگریزی مواد سے استفادہ کرتے ہوئے سائنسی مضامین لکھنے شروع کئے۔ اور اپنے مضامین میں سائنس کی فطرت سے مطابقت اور مذہب اسلام میں سائنس کے پیش کردہ حقائق کو بھی ان مضامین میں شامل کیا جو انگریزی مضامین میں نہیں ہوتا ہے۔ اس کے علاوہ سائنسی موضوعات عمومی طور پر غیر دلچسپ اور خشک نوعیت کے ہوتے ہیں۔ اس کے لئے زبان کی روانی اور اسلوب کی چاشنی کی ضرورت ہوتی ہے جو اس کتاب میں محسوس کی جائے گی۔ اس کتاب میں ہمارے ماحول اور اس کے تحفظ' انسانی صحت اور اس سے متعلق اہم امور اور ٹیکنالوجی کے شعبے میں ہونے والی ترقی سے متعلق مضامین شامل کئے گئے ہیں۔ مضامین کے مواد کے لئے انگریزی کتابوں' تفسیر قران معارف القران از مفتی محمد شفیع صاحب اور سائینسی موضوعات پر دستیاب قدیم کتب سے استفادہ کیا گیا ہے۔ سائینس مضامین میں چونکہ دستیاب حقائق کی پیشکشی ہوتی ہے اس لئے اس کتاب میں پیش کئے گئے مواد کا تحقیقی انداز سے نہیں بلکہ معلوماتی انداز سے جائزہ لیا جائے اور موضوع کی افادیت مدنظر رکھی جائے۔ امید ہے کہ قارئین اور اردو کے طالب علم اور اردو داں طبقہ اس کاوش کو ضرور پسند کریں گے۔ اور ''سائنس نامہ'' عنوان سے شائع ہونے والی یہ کتاب اردو کے سائنسی ادب میں ایک اہم اور ضروری اضافہ تصور کی جائے گی۔ میں کتاب کی اشاعت کے لئے جزوی مالی امداد دینے پر اردو اکیڈیمی اے پی کا شکر گذار ہوں۔ ساتھ ہی اپنے دوست مصطفیٰ علی سروری کا بھی مشکور ہوں کہ انہوں نے اس کتاب کے لئے میرا تعارفی مضمون لکھا۔

ڈاکٹر محمد اسلم فاروقی

ڈاکٹر محمد اسلم فاروقی اور ان کے سائینسی مضامین

اردو زبان کے حوالے سے جب بھی بات کی جاتی ہے تو لوگ حقیقت پسندی کا دامن چھوڑ کر دو طرح کی باتیں کرتے ہیں۔ ایک طبقہ ان لوگوں کا ہے جو اردو کے حوالے سے بالکل مایوسی کا اظہار کرتا ہے اور اردو کے مستقبل کو تاریک قرار دے کر اپنا دامن بچا کر آگے چلا جاتا ہے۔ دوسرا طبقہ اس کے برخلاف یہ دعویٰ کرتا ہے کہ اردو زندہ ہے بلکہ اردو کا دامن پھلتا پھولتا جا رہا ہے۔ اردو کی صورتحال کو پوری طرح خوش آئیند قرار دیتے ہوئے اس زمرے کے لوگ اردو کی حقیقی صورتحال کو بالکل نظر انداز کر دیتے ہیں اور خوش فہمیوں میں رہتے ہیں۔ ان دو کے علاوہ اردو زبان و ادب کے حوالے سے میرا یہ ماننا ہے کہ اردو کے کچھ ایسے خاموش خدمت گذاروں کا بھی گروہ ہے جو اردو کے حوالے سے نہ بلند بانگ دعوے کرتے ہیں اور نہ اس کے مستقبل سے مایوس ہیں۔ بلکہ اپنے طور پر اردو کی خدمت کرتے ہوئے اس کے فروغ کی کوشش میں لگے رہتے ہیں۔

ڈاکٹر محمد اسلم فاروقی کا شمار بھی اردو کے ایسے ہی خاموش خدمت گذاروں میں ہوتا ہے جو اپنے طور پر اردو کے فروغ کے لئے ہمہ جہت کوشش میں لگے ہیں۔ وہ پیشہ سے اردو لیکچرر ہیں اور ان دنوں گری راج کالج نظام آباد میں صدر شعبہ اردو کے عہدے پر فائز ہیں۔ کالج میں ایک سال کے عرصہ میں انہوں نے ایک قومی اردو سمینار اور ایک اردو ورکشاپ صحافت کے موضوع پر منعقد کروایا اور فروغ اردو کے لئے اپنی عملی کوششوں کا ثبوت دیا۔ اس کے ساتھ ساتھ وہ اردو میں تصنیف و تالیف' مضامین کی اشاعت اور انٹرنیٹ کے فیس بک اور بلاگنگ جیسی دیگر سہولتوں کو بہ طور ذریعہ استعمال کر رہے ہیں۔ ان کے معلوماتی مضامین ملک و بیرون ملک رسائل اور اخبارات میں شائع ہوتے ہیں۔ پاکستان کے جنگ اردو اخبار کے سنڈے میگزین میں ان کا مضمون شائع ہوا۔ جو ہندوستان کے نئے لکھنے والوں کے لئے ایک اعزاز ہے۔ تدریسی ضرورتوں اور مختلف مواقع پر انہوں نے انگریزی مواد سے استفادہ کرتے ہوئے روز مرہ

سائنس کے موضوعات پر معلوماتی مضامین لکھے۔ جو اخبارت اور رسائل میں شائع ہو کر مقبول ہو چکے ہیں۔ ان مضامین کو انہوں نے کتابی شکل میں ترتیب دیا ہے۔ چنانچہ ''سائنس نامہ'' کے عنوان سے ان کی تیسری تصنیف زیور طباعت سے آراستہ ہو کر پیش ہو رہی ہے۔ اس سے قبل ان کے معلوماتی ادبی و تحقیقی مضامین پر مشتمل دو تصانیف ''قوس قزح'' اور ''مضامین نو'' شائع ہو کر مقبول ہو چکی ہیں۔

زیر نظر کتاب میں ڈاکٹر محمد اسلم فاروقی کے روزمرہ کے سائنسی موضوعات پر تحریر کردہ مضامین شامل ہیں۔ اردو زبان میں سائنسی مضامین بہت ہی کم لکھے جاتے ہیں۔ اور زیادہ تر مواد من و عن انگریزی سے ترجمہ کر کے لیا جاتا ہے۔ اور ترجمہ کے دوران مضمون کی روح چھوٹ جاتی ہے اور عبارت ترسیل کے المیہ کا شکار ہو جاتی ہے۔ اور مضمون برائے نام رہ جاتا ہے۔ تاہم ڈاکٹر محمد اسلم فاروقی کی اس کتاب میں شامل سائنسی مضامین پڑھنے سے اندازہ ہوتا ہے کہ ان مضامین میں سائنسی مضامین کو ادبی چاشنی کے ساتھ پیش کیا گیا ہے اور موضوع کو مذہبی انداز سے بھی سمجھانے کی کوشش کی ہے کیونکہ اسلام ایک دین فطرت ہے اور اس کی باتیں آج سائنسی تحقیق سے سچ ثابت ہو رہی ہیں۔ ڈاکٹر محمد اسلم فاروقی نے ان مضامین کے ذریعے یہ ثابت کرنے کی کوشش کی ہے کہ اسلام اور سائنس میں کوئی تضاد نہیں ہے۔ جن باتوں کو پیغمبر اسلام حضرت محمد مصطفیٰ صلی اللہ علیہ وسلم نے آج سے چودہ سو سال قبل قران و حدیث کے ذریعے پیش کیا تھا آج سائنس اپنی تحقیقات اور تجربات کے ذریعے ان کی تصدیق کر رہی ہے۔ آج سائنس اپنی ترقی کے باجود نظام قدرت کو پہچان رہی ہے۔ جس کا اندازہ ان مضامین میں پیش کی گئی باتوں سے ہوتا ہے۔ اس طرح مواد کی پیشکشی کے دوران سائنس اور فطرت کا تعلق محسوس کیا جا سکتا ہے۔

ماحولیات' آلودگی' پانی' دودھ' نمک' شہد کی مکھی' ابلاغیات اور ٹیکنالوجی وغیرہ موضوعات کو دلچسپ انداز میں واضح کیا گیا ہے۔ ان مضامین کی ایک خصوصیت یہ بھی ہے کہ ان

کے ذریعے لوگوں کو اپنے ماحول کے تحفظ اور خود اپنی ذات کے بارے میں فکر دلائی گئی ہے۔ان مضامین میں موضوعات کی عمومیت کے باجود مواد اور پیشکشی میں ایک نیا پن دکھائی دیتا ہے۔ جو مصنف کی مہارت کا پتہ دیتا ہے۔مضامین کی زبان آسان ہے اور کہیں بھی قاری کو مفہوم اخذ کرنے میں دشواری نہیں ہوتی۔ اور سائنسی نکات کو سادہ اور سلیس زبان میں پیش کیا گیا ہے۔ سائینس میں حقائق کی باتیں ہوتی ہیں اور ان میں ردو بدل کی کسی کو گنجائیش نہیں ہوتی اسی لئے ڈاکٹر محمد اسلم فاروقی نے بھی یہ وضاحت کردی ہے کہ انہوں نے انگریزی مواد سے استفادہ کیا لیکن اسے اردو کے قاری کی سمجھ کے معیار تک لا کر دلچسپ انداز میں پیش کیا۔ یہی وجہ ہے کہ ''سائینس نامہ'' میں موجود تمام مضامین موضوع کے اعتبار سے دلچسپ ہیں۔انسانوں کی فلاح و بہبود کا پہلو رکھتے ہیں۔اور سائینس وفطرت کے رشتے کو اجاگر کرتے ہوئے انسان کو اس ذمہ داری کا احساس دلاتے ہیں کہ وہ بھی اس کائنات اور فطرت کا حصہ ہے۔ اور اسے اپنی زندگی اور ماحول کو بہتر بنانے کے لئے سائینس کی معلومات رکھتے ہوئے بہتر زندگی گذارنا ہے۔

میں اپنے دوست ڈاکٹر محمد اسلم فاروقی کو ان کی اس منفرد تصنیف کی اشاعت پر مبارک باد پیش کرتا ہوں اور امید کرتا ہوں کہ اردو میڈیم کے تمام مدارس اور کالجس میں اس کتاب سے استفادہ کیا جائے گا اور اردو میں سائینسی معلومات کے خواہش مند قاری بھی اس کتاب کی پذیرائی کریں گے۔ امید ہے کہ ڈاکٹر محمد اسلم فاروقی اسی طرح اردو میں دلچسپ اور افادی ادب پیش کرتے رہیں گے۔

محمد مصطفیٰ علی سروری
اسوسی ایٹ پروفیسر شعبہ جرنلزم
مولانا آزاد نیشنل اردو یونیورسٹی حیدرآباد

ہمارا ماحول اور اس کے تشکیلی عناصر

وہ علاقہ جس میں جاندار رہتے ہیں ماحول کہلاتا ہے۔ اس میں نامیاتی (جاندار) اور غیر نامیاتی (بے جان) عناصر رہتے ہیں۔ ماحولیاتی مطالعہ کو انگریزی میں Ecological Study کہتے ہیں۔ Ecology کا لفظ یونانی زبان سے نکلا ہے۔ جس کا مطلب رہائیش کا مطالعہ ہے۔ سپریم کورٹ آف انڈیا کے ایک فیصلے میں ماحولیاتی مطالعے کو تعلیمی نصاب کا ایک لازمی حصہ قرار دیا گیا ہے۔ ہمارے اطراف جو ماحول ہے وہ روشنی، ہوا، پانی اور حرارت جیسے عناصر سے تشکیل پایا ہے۔ ماحول کے کچھ حصے جیسے زمین اور پانی وسائل کا کام انجام دیتے ہیں۔ جبکہ حرارت اور روشنی وغیرہ ماحول کو باقاعدہ بناتے ہیں۔ یہ تمام عناصر ایک دوسرے سے مربوط ہوتے ہیں۔ زندگی کی بقاء کے لئے ماحول کا سازگار ہونا ضروری ہے۔ انسانی زندگی سے ماحول کا گہرا تعلق ہے۔ انسان اپنے اعمال وافعال کے ذریعے ماحول پر اثر انداز ہوتا رہتا ہے۔ ماحول کے مختلف عناصر کی تفصیلات اس طرح ہیں۔

درجہ حرارت:- انسان پودے اور جانور ایک مخصوص درجہ حرارت میں ہی زندہ رہ سکتے ہیں ۔زمین پر درجہ حرارت سورج کی روشنی سے برقرار رہتا ہے۔ زمین پر اگر کسی علاقے میں درجہ حرارت کم یا زیادہ ہوجائے تو اپنے لئے سازگار درجہ حرارت کی تلاش میں انسان اور جانور دوسرے مقامات کو نقل مقام کرتے ہیں۔ اور اپنے لئے سازگار ماحول فراہم کر لیتے ہیں۔ انسان سردی میں گرمی اور گرمی میں سردی کے ظاہری انتظامات کرتا ہے۔ اور زندگی کو پُر سکون بنانے کی کوشش کرتا ہے۔ سورج حرارت کا اہم ذریعہ ہے۔ اور زمین پر ہر طرح کی زندگی کے لئے اس کی حرارت ضروری ہے۔

روشنی: -روشنی بھی ہمارے ماحول کا ایک اہم حصہ اور ضرورت ہے۔ پودے سورج کی روشنی

میں اپنی غذا تیار کرتے ہیں۔ انسان کے علاوہ دیگر کئی جاندار اور پودے سورج کی روشنی سے حرارت حاصل کرتے ہیں۔اور روشنی میں دنیا کے کئی کام ہوتے ہیں۔

پانی:- پانی زندگی کا اہم حصہ ہے۔ پانی کے بغیر زندگی ممکن نہیں۔ پانی سمندر، دریا، ندی نالوں پہاڑوں کی چوٹیوں پر برف کی شکل میں اور زیر زمین ذخیرے کی شکل میں محفوظ رہتا ہے۔جن علاقوں میں وافر مقدار میں میٹھا دستیاب ہے وہاں آبادی زیادہ ہے۔

ہوا:- ہوا مختلف گیسوں کا مجموعہ ہوتی ہے۔اور زندگی کا اہم جز ہے۔موسم کے حالات کو ہوا کے ذریعے سمجھا جاسکتا ہے۔ ہوا پانی سے بھرے بادلوں کو ایک مقام سے دوسرے مقام تک پہونچاتی ہے۔پھلوں سے نکلے بیجوں کو دور تک لے جاتی ہے۔ ہوا میں انسانوں اور جانوروں کی زندگی کے لئے لازمی گیسیں شامل ہوتی ہیں۔نباتاتی پیداوار کا انحصار بھی ہوا پر ہوتا ہے۔

رطوبت:- ماحول میں پانی کے بخارات کی موجودگی کو رطوبت کہتے ہیں۔موسم کی تبدیلی کا انحصار رطوبت پر ہوتا ہے۔

دھاتی عناصر:- زندہ رہنے والی نامیاتی اشیاء کو نمو اور پرورش کے لئے کئی دھاتی عناصر جیسے لوہا، فولاد، پارہ وغیرہ کی ضرورت ہوتی ہے۔ان دھاتی عناصر کی کمی یا زیادتی جانداروں کے لئے نقصان دہ ثابت ہوتی ہے۔

ماحول دو قسم کا ہوتا ہے۔ایک قدرتی ماحول دوسرے انسان کا بنایا ہوا ماحول۔زندہ رہنے والے اجسام ماحول کو متاثر کرتے ہیں۔ جواب میں ماحول انہیں متاثر کرتا ہے۔سائنس کی ترقی کے بعد سے انسان ماحول کو بہت متاثر کرنے لگا ہے۔ ماحول میں انسان کی بے جا مداخلت ہو رہی ہے۔اپنی زندگی کو آرام دہ بنانے کے نام پر انسان ماحول میں تیز رفتار تبدیلیاں پیدا کر رہا ہے۔ ابتدا میں انسان جنگلوں میں اور پہاڑوں کے غاروں میں رہا کرتا تھا۔ بعد میں پکے مکان بنا کر

رہنے لگا۔ آبادی میں اضافے سے جنگل کاٹے جارہے ہیں۔ اور اونچی اونچی عمارتوں کی شکل میں کنکریٹ کا جنگل پیدا کیا جارہا ہے۔ جنگلوں کے صفائے سے جنگلی جانوروں کی رہائش مشکل ہو گئی ہے۔ کئی جانوروں کی نسلیں معدوم ہوتی جارہی ہیں۔ جب سے انسان نے صنعتیں شروع کی ہیں۔ ان صنعتوں اور فیکٹریوں سے نکلنے والے بے کار مادے دریاؤں' تالابوں اور زیرزمین پانی کو آلودہ کررہے ہیں۔ کارخانوں کی چمنیوں سے بھاری مقدار میں نکلنے والا دھواں ہوا کو آلودہ کر رہا ہے۔ گذشتہ ایک صدی میں انسان نے صنعتی شعبے میں کافی ترقی کی ہے۔ لیکن اس نے اپنے ماحول کو بھی شدید نقصان پہونچایا ہے۔ بڑی صنعتیں، حمل ونقل کے نئے نئے ذرائع' کھاد اور کیڑے مارادویہ کے زیادہ استعمال سے ماحول آلود بنارہا ہے۔ جن کیڑوں کو مارنے کے لئے دوا ڈالی جارہی ہے۔ ان مرے ہوئے کیڑوں کو کھانے سے پرندے مر رہے ہیں۔ اور پرندوں کی نسلوں کی بقا کو خطرہ لاحق ہوگیا ہے۔ ہمارے ماحول کو مزید بگڑنے سے بچانے کے لئے لوگوں کو باشعور بنانا ضروری ہے۔ ماحول کی حفاظت کے لئے انسانی ذمہ داری کا احساس دلانا ضروری ہے۔ لوگوں کو ماحول اور فطرت کے اصولوں کے بارے میں باخبر کرنا ضروری ہے۔ انسان 'حیوان اور پیڑ پودوں کا وجود ایک دوسرے کے لئے لازمی ہے۔ انسان اپنے فائدے کے لئے ایسا کوئی کام نہ کرے جس سے حیوانات پیڑ پودوں اور ماحول کو کوئی نقصان پہونچے۔ انسانوں کو یہ احساس دلایا جائے کہ ان کے اعمال وافعال سے کس طرح ماحول متاثر ہوتا ہے۔ چھوٹے پیمانے پر کیا گیا کوئی کام کس طرح پورے ماحول کو متاثر کرتا ہے۔ ماحولیات کے مطالعے سے انسان ماحول میں توازن اور قدرتی انداز برقرار رکھ سکتا ہے۔

فضائی آلودگی

ہمارے اطراف موجود فضاء میں جب نقصان دہ اجزا اور گیسیں شامل ہو جاتی ہیں تو اسے فضائی آلودگی کہتے ہیں۔زندگی کے لئے صاف ہوا ایک لازمی عنصر ہے۔ایک انسان روزانہ اوسطاً 16 تا20 کلو ہوا سانس کے ذریعے جسم میں داخل کرتا ہے۔اگر وہ آلودہ ہوا میں سانس لے رہا ہو تو اندازہ لگایئے کہ وہ کس قدر خطرے میں ہے۔اگر ہوا میں دوسری گیسیں شامل ہونے لگیں تو ہوا میں آکسیجن کی قدرتی آمیزش کا تناسب کم ہوتا جائے گا۔ ہوا میں ٹھوس ذرات' دھواں' مٹی کے ذرات شامل ہوتے رہتے ہیں۔بڑے اور صنعتی شہروں میں فضائی آلودگی سے بہت زیادہ خطرہ ہے۔بڑے بڑے کارخانوں کی چمنیوں سے نکلنے والا دھواں' طرح طرح کی گاڑیوں سے نکلنے والا دھواں اور بجلی بنانے والے تھرمل اسٹیشن و نیوکلیر اسٹیشنوں وغیرہ سے نکلنے والا دھواں فضاء میں شامل ہو کر آلودگی کو بڑھا رہا ہے۔دھویں سے دھندسی چھا جاتی ہے۔اور شہروں میں کم دکھائی دیتا ہے۔فضائی آلودگی نہ صرف انسانوں کو بلکہ جانوروں اور دوسرے پیڑ پودوں کو متاثر کرتی ہے۔ بنیادی طور پر فضائی آلودگی صحت کے لئے نقصان دہ گیسوں' دھواں' غبار ' ٹھوس ذرات کے صاف ہوا میں شامل ہونے سے پھیلتی ہے۔نقصان دہ گیسوں میں ایک کاربن مونو آکسائڈ ہے۔ جو گاڑیوں اور کارخانوں کے دھویں میں شامل ہوتی ہے۔ ہوا میں اس کی زیادتی انسان کے دل پھیپھڑے اور اعصابی نظام کو متاثر کرتی ہے۔ایک گیس سلفر کے مرکبات پر مبنی ہوتی ہے۔ یہ پودوں کے سڑنے گلنے' آتش فشاں کے پھٹنے اور تھرمل پلانٹس سے نکلتی ہے۔ سلفر ڈائی آکسائڈ کی ہوا میں زیادتی سانس لینے میں دشواری پیدا کرتی ہے۔سر کا درد اور آنکھوں میں جلن پیدا کرتی ہے۔یہ گیس آبی بخارات میں مل کر تیزابی بارش کا اثر پیدا کرتی ہے۔جس سے پودوں عمارتوں اور انسانوں کو نقصان پہونچتا ہے۔ دیگر نقصان دہ گیسوں نائٹروجن آکسائڈ

'ہائیڈروکاربن اورتمباکونوشی کا دھواں وغیرہ ہے۔تمباکو کا دھواں تمباکو پینے والے سے زیادہ دھواں سونگھنے والے کومتاثر کرتا ہے۔اس سے کینسر کا خطرہ لاحق رہتا ہے۔فضائی آلودگی ٹھوس ذرات کے سبب بھی ہوتی ہے۔ہوا میں سمنٹ کے ذرات نکل کرشامل ہوتے رہتے ہیں۔جو سانس کے ذریعے جسم انسانی میں داخل ہوجاتے ہیں۔اورانسانی صحت کومتاثر کرتے ہیں۔

فضائی آلودگی کے ماحول پراثرات: جنگلات کے کٹاؤ اورلکڑی کی بڑی مقدار جلا دینے سے فضاء میں گیسوں کا توازن بگڑ رہا ہے۔گذشتہ سوسال سے فضاء میں کاربن ڈائی آکسائڈ کی مقدار 15 فیصد بڑھ گئی ہے۔جس سے ہرسال زمین کے درجہ حرارت میں اضافہ ہورہاہے۔اوراس اضافہ سے ماحول پر پڑنے والے اثرات کو''سبزگھر کااثر'' "Green House Effect" کہتے ہیں۔سورج کی روشنی جب زمین کی طرف آتی ہےتوفضاء کےاوپر موجوداوزون کی پرت سورج کی روشنی سے خارج ہونے والی بالائے بنفشی شعاؤں Ultra Violet Rays کوجذب کرکےگرمی کی شدت کوکم کرتی ہے۔اورمعتدل سورج کی شعاعیں زمین پر پڑتی ہیں۔کاربن ڈائی آکسائڈ کی ذیادتی سے اوزون کی پرت میں سوراخ ہورہے ہیں۔اوراس کی وجہہ سے زمین کا درجہ حرارت خطرناک حدتک بڑھتا جارہاہے۔جس کے سبب خطرہ ہے کہ قطب شمالی اورقطب جنوبی پرموجود برف بھاری مقدار میں پگھلنے لگے گی۔جس سے سمندروں کی سطح بلند ہوگی۔اورزمین کے ساحلی علاقے ڈوب جائیں گے۔بالائے بنفشی شعاؤں کے مضراثرات ہوتے ہیں۔اس سے پودوں میں غذا کی تیاری کاعمل متاثر ہوتا ہے۔اورجلد کا کینسر بھی ہوسکتا ہے۔اس لئے فضاء میں کاربن ڈائی آکسائڈ کی مقدار پر قابو پانے کے لئے ذیادہ سے ذیادہ پودے لگانے چاہئیں۔

انسانوں اور جانوروں پرفضائی آلودگی کےاثرات: فضائی آلودگی سے انسانی

صحت متاثر ہوتی ہے۔ تنفّسی بیماریاں بڑھتی ہیں۔ کھانسی تپ دق کی بیماری ہوتی ہے۔ خون کی روانی متاثر ہوتی ہے۔ جسم میں آکسیجن کی سپلائی متاثر ہوتی ہے۔ فضائی آلودگی کے اثرات پودوں پر بھی ہوتے ہیں۔ ان میں غذا کی تیاری کا عمل متاثر ہوتا ہے۔ پودے سوکھنے لگتے ہیں۔

فضائی آلودگی کی روک تھام کے اقدامات:- موجودہ دور میں فضائی آلودگی کو مکمل طور پر دور کرنا مشکل ہے۔ تاہم کئی اقدامات کرتے ہوئے فضائی آلودگی پر قابو پایا جاسکتا ہے۔ مناسب قانون سازی اور اس پر سختی سے عمل آوری سے لوگوں کو پابند کیا جا سکتا ہے۔ نقصان دہ گیسوں کو جذب کرنے والے آلات کا استعمال کیا جائے۔ کارخانوں کی چمنیوں کو بلند کیا جائے۔ تاکہ نقصان دہ گیسیں ہوا سے اُڑ کر دور چلی جائیں۔ اور انسانوں کو نقصان نہ پہونچا سکیں۔ نقصان دہ کیمیائی مادوں کو قابل استعمال بنایا جائے۔ ایندھن کے استعمال پر کنٹرول کیا جائے۔ غیر ضروری گاڑیاں نہ چلائی جائیں۔ گاڑیوں کی حد سے زیادہ فروخت پر پابندی لگائی جائے۔ پرانی گاڑیوں کے استعمال پر پابندی لگائی جائے کیونکہ یہ گاڑیاں زیادہ دھواں چھوڑ کر فضائی آلودگی بڑھاتی ہیں۔ کارخانوں کے قیام سے پہلے ماہرین ماحولیات سے اجازت حاصل کی جائے۔ آبادی سے کافی دور کارخانے قائم کئے جائیں۔ کارخانوں کے قریب آبادی کو بسنے سے روکا جائے۔ ڈیزل سے چلنے والی ریل گاڑیوں کو برقی سے چلایا جائے۔ بغیر lead کا پٹرول استعمال کیا جائے۔ ایسی توانائی استعمال کی جائے جس میں دھواں نہیں نکلتا ہو جیسے شمسی توانائی، نیوکلیر توانائی، لہروں کی توانائی وغیرہ۔ پکوان کے لئے لکڑی یا گوبر جلانے کے بجائے ایل پی جی گیس استعمال کی جائے۔ کارخانوں کے اطراف زیادہ سے زیادہ درخت لگائے جائیں۔ ان اقدامات پر عمل کیا جائے تو فضائی آلودگی پر بہت حد تک قابو پایا جاسکتا ہے۔ انسان کو اپنی صحت کی فکر خود کرنا چاہئے ورنہ نقصان کے بعد افسوس کرنے سے کچھ فائدہ نہیں ہوگا۔

آبی آلودگی

پانی میں مضر اور صحت کے لئے نقصان دہ اجزاء شامل ہو جائیں تو ایسے پانی کو آلودہ پانی کہتے ہیں۔اور پانی میں آلودگی کے شامل ہو جانے کو آبی آلودگی کہتے ہیں۔صاف پانی میں نالیوں کی گندگی اور صنعتوں سے نکلنے والے بے کار مادے اور تیل وغیرہ شامل ہو جانے سے پانی آلودہ ہو جاتا ہے۔آلودہ پانی صحت انسانی کے لئے نقصان دہ ہوتا ہے۔گھروں سے نکلنے والی گندگی نالیوں کے ذریعے بڑے نالوں اور تالابوں کے ذریعے بالآخر دریا میں جاملتی ہے۔اگر اس طرح کی گندگی کو پانی کے ذخائر میں ملنے سے نہ روکا جائے تو پانی آلودہ پانی ہو جاتا ہے۔ آلودہ پانی انسانوں کے پینے اور استعمال کے قابل نہیں رہتا۔اس طرح کے آلودہ پانی میں نقصان دہ مادے ہوتے ہیں۔آلودہ پانی جانوروں کے لئے بھی نقصان دہ ہوتا ہے۔گندے پانی میں شامل بیکٹیریا پانی کے آکسیجن کو جذب کر لیتے ہیں۔اور یہ پانی جانورں کے پینے کے لائق بھی نہیں رہتا۔نالیوں کا پانی کبھی کبھی صاف پانی کے پائپوں میں مل جاتا ہے۔اس سے صحت انسانی کو خطرہ لاحق ہو جاتا ہے۔اور آنتوں کی سوزش جیسی بیماریاں عام ہو جاتی ہیں۔صنعتوں سے نکلنے والا فضلہ جب صاف پانی کے ذخائر میں ملنا شروع ہو جاتا ہے۔تو اس سے نہ صرف پانی آلودہ ہو جاتا ہے۔بلکہ تالابوں میں موجود مچھلیاں تک مرجاتی ہیں۔جس کی وجہ سے پانی بد بو دار ہو جاتا ہے۔اور اس بد بو سے قریب رہنے والے انسانوں کو سانس لینے میں دشواری ہوتی ہے۔آلودہ پانی زمین میں جذب ہو کر زیر زمین پانی کو بھی نا قابل استعمال بنا دیتا ہے۔تلنگانہ کے ضلع میدک میں پٹن چیرو اور موضع دگوال نزد ظہیر آباد میں کارخانوں سے نکلنے والا گندہ اور آلودہ پانی زیر زمین پانی کو نا قابل استعمال بنا چکا ہے۔اب یہ پانی کئی سال کے لئے بے کار ہو چکا

ہے۔آلودہ پانی کو صنعتی استعمال میں نہیں لیا جا سکتا۔اس پانی میں شامل ترشے اور نمک مشینوں کو خراب اور زنگ آلود کر دیتے ہیں۔کھیتوں میں استعمال ہونے والی کھاد اور جراثیم کش ادویات بارش کے پانی میں مل کر تالابوں کو آلودہ کرتے ہیں۔اس طرح آبی آلودگی کو بڑھانے میں کھاد اور جراثیم کش ادویات کا بھی حصہ ہے۔سمندروں میں تیل لیجانے والے جہاز اگر ڈوب جائیں یا ساحل سمندر کے قریب تیل کے کنووں میں آگ لگ جائے یا انہیں دھماکے سے اُڑایا جائے تو اس میں موجود تیل پانی کی سطح پر پھیل جاتا ہے۔اور اس طرح ایک بڑے علاقے کا پانی آلودہ ہو جاتا ہے۔اور سمندری جانداروں کو نقصان پہونچتا ہے۔علاقے کا ماحول گندہ ہو جاتا ہے۔ کویت عراق جنگ کے دوران تیل کے کنووں پر بمباری اور آگ لگانے سے بہت سا تیل سمندر کی سطح پر پھیل گیا تھا۔جس سے سمندری جانوروں اور ماحول کو کافی نقصان پہونچا تھا۔

آبی آلودگی کو روکنے کے اقدامات: پانی کو آلودہ ہونے سے روکنے کے لئے حسب ذیل اقدامات کئے جانے چاہئیں۔گندے پانی کے اخراج کو مناسب طریقے سے انجام دیا جائے۔کوشش کی جائے کہ گندہ پانی صاف پانی کے ذخائر میں ملنے نہ پائے۔پانی کے غلط استعمال کو روکا جائے۔یعنی تالابوں میں کپڑے دھونے، جانوروں کو نہلانے اور گاڑیوں کو دھونے سے روکا جائے۔کارخانوں سے نکلنے والے گندے پانی کو صاف کئے بغیر تالابوں اور دریاؤں میں جانے سے سختی سے روکا جائے۔تیل کے اخراج کو روکا جائے۔گندے اور آلودہ پانی کو تالابوں اور دریاؤں میں جانے سے روکنے کے لئے اور ان میں موجود ٹھوس ذرات کو علحیدہ کرنے کے لئے سیپٹک ٹینک، فلٹر بیڈس اور گندے پانی کو صاف کرنے کے پلانٹس وغیرہ استعمال کئے جائیں۔پینے کے پانی کو فلٹر کر کے اور مناسب ادویات جیسے کلورین اور پوٹاشیم پر مینگنیٹ ملا کر استعمال کیا جائے۔کارخانوں سے نکلنے والے پانی کو water treatment plants سے صاف کیا جائے۔سمندروں میں تیل کے اخراج کی صورت میں تیل کی صفائی کے

طریقے بھی ایجاد ہوئے ہیں۔ان سے استفادہ کیا جائے۔

ہندوستان میں صنعتی علاقوں سے گذرنے والے کئی دریا اور ندیاں آبی آلودگی کا شکار ہیں۔ دہلی سے گذرنے والی جمنا ندی، کلکتہ سے گذرنے والی ہگلی ندی، کانپور کے قریب سے گذرنے والی گنگا ندی اور دامودر، کاویری اور گوداوری ندیاں بھی کارخانوں سے خارج ہونے والے فضلہ کے پانی میں مل جانے سے آلودگی کا شکار ہیں۔ ان سب میں دریائے گنگا ہندوستان کی سب سے زیادہ آلودگی کا شکار دریا ہے۔ اپنے 2525 کلو میٹر سفر کے دوران اس میں اتر پردیش، بہار اور مغربی بنگال کی صنعتوں کا فضلہ، گندی نالیوں کا پانی، مُردوں کے جلانے کے بعد کی راکھ ادھ جلی نعشیں، مردہ جانور اور ہندو یاتریوں کے اشنان سے کافی گندگی شامل ہو رہی ہے۔ اور مقدس گنگا انسان کے کالے کرتوتوں سے آلودہ ہو رہی ہے۔ گنگا کو آلودگی سے بچانے کے لئے حکومت ہند نے گنگا ایکشن پلان 1985 شروع کیا۔ اس طرح انسانی صحت کی برقراری اور ماحول کو پاک و صاف رکھنے کے لئے ہر انسان کو کوشش کرنی چاہئے۔ اور انسان ایسا کوئی غلط کام نہ کرے جس سے پانی کو آلودگی بڑھے۔ حکومت بھی کارخانوں اور صنعتوں کو آلودگی پر قابو پانے کے لئے پابند کرے۔ تب ہی آنے والی نسلوں کو آلودگی سے پاک صاف پانی مل سکے گا۔

جنگلاتی وسائل اور ان کا تحفظ

زمین کے بڑے علاقے پر قدرتی طور پر جو پیڑ پودے اُگ آتے ہیں۔ اور ان کے درمیان جو جنگلی جانور رہتے ہیں۔ اس ماحول کو جنگل کہتے ہیں۔ انسان جنگل اُگانے کی کوئی شعوری کوشش نہیں کرتا۔ سطح زمین کے ایک تہائی حصے پر جنگل واقع ہیں۔ جنگل کا وجود انسانی زندگی کے لئے بہت ضروری ہے۔ کیونکہ جنگلات قدرتی وسائل کا اہم ذریعہ ہوتے ہیں۔ اگر جنگلات کے تحفظ اور انہیں برقرار رکھنے کے اقدامات کئے جائیں تو جنگلاتی وسائل کے فوائد جاری رہ سکتے ہیں۔ جنگل سے انسانوں کو حاصل ہونے والے اہم قدرتی وسائل اس طرح ہیں۔

لکڑی: جنگل سے انسان کو طرح طرح کی لکڑی حاصل ہوتی ہے۔ جنگل کی بیشتر لکڑی ایندھن کے طور پر جلانے کے کام آتی ہے۔ انسان جنگل کی 80 فیصد لکڑی اپنی غذا کو پکانے کے لئے جلاتا ہے۔ اس طرح بطور ایندھن جنگلاتی لکڑی کی بہت مانگ ہے۔ ساگوان شیشم اور دیگر اقسام کی لکڑی سے مکان کی تعمیر، فرنیچر اور دیگر ضروریات کی اشیاء بنائی جاتی ہیں۔ بمبو کی لکڑی سے کاغذ بنایا جاتا ہے۔ اور طرح طرح کے باسکٹ وغیرہ بنائے جاتے ہیں۔ کین کی لکڑی سے کرسیاں، سہارے کی لکڑی اور دیگر اشیاء تیار کی جاتی ہیں۔ اس لئے انسان کو چاہئے کہ وہ اپنی مختلف ضروریات کی لکڑی کو آسانی سے حاصل کرنے کے لئے جنگل کو نہ ختم کرے۔ اور اس کے تحفظ کے اقدامات کرتا رہے۔

تیل: جنگلات کے پیڑ پودوں سے کئی قسم کے ضروری تیل اور مادے حاصل ہوتے ہیں۔ صندل کی لکڑی، ربڑ بنانے کا مادہ، چہرے کو نکھارنے کے تیل، پوڈر، جڑی بوٹیاں، دوائیں

'مصالحے' جراثیم کش ادویات' پلاسٹک وغیرہ جنگل سے ہی حاصل ہوتے ہیں۔ ان اشیاء کے حصول میں آسانی کی خاطر بھی انسان کو جنگلات کا تحفظ کرنا چاہئے۔

غذا: جنگلات سے جانوروں اور انسانوں کو راست یا بالراست طریقے سے غذا حاصل ہوتی رہتی ہے۔ جنگلی جانور چارے اور دوسرے جانوروں کا شکار کر کے اپنی غذا جنگل سے حاصل کرتے ہیں۔ انسان جانوروں سے گوشت اور دودھ حاصل کرتا ہے۔ دودھ سے کئی غذائی اشیاء تیار ہوتی ہیں۔ شہد جنگل سے حاصل کیا جاتا ہے۔ جنگل میں قبائیلی لوگ رہتے ہیں۔ ان کی زندگی اور معیشت سدھارنے میں جنگل اہم رول ادا کرتے ہیں۔ جنگل سے انہیں غذا' ادویات اور گھروں کی تعمیر کے ساز وسامان اور دیگر قیمتی اشیاء حاصل ہوتی ہیں۔

جنگلات کے دیگر فوائد: جنگل کا ایک اہم فائدہ یہ ہے کہ ان سے زمین کے کٹاؤ کو روکنے میں مدد ملتی ہے۔ تیز ہواؤں اور بارش کے سبب سوکھی زمین کٹتی رہتی ہے۔ اور علاقے کے علاقے سمندر میں ڈوب جاتے ہیں۔ اگر زمین پر جنگل ہوں تو درخت وغیرہ زمین کو مضبوطی فراہم کرتے ہیں۔ اور زمین کٹاؤ سے بچی رہتی ہے۔ درختوں کی چھاؤں سے زمین سوکھنے نہیں پاتی۔ اور اس کی نمی برقرار رہتی ہے۔ جس سے جنگل ہرا بھرا رہتا ہے۔ زمین کی نمی سے ہوا میں رطوبت قائم رہتی ہے۔ اور موسم زیادہ گرم نہیں ہوتا۔ جس سے انسانوں اور جانورں کی زندگی پر سکون رہتی ہے۔ جنگلات انسانوں کی چھوڑی ہوئی کاربن ڈائی آکسائڈ گیس جذب کرتے ہیں۔ اور جواب میں صاف آکسیجن گیس خارج کرتے ہیں جو انسانی زندگی کے لئے لازمی ہے۔ اس طرح جنگلات کے وجود سے ماحولیاتی آلودگی کم ہوتی ہے۔ جنگل کے وجود سے جنگلی جانوروں کی بقاء ممکن ہے۔ ورنہ کئی جنگلی جانورں کی نسلوں کے معدوم ہونے کا اندیشہ ہے۔ اس لئے جنگلات کے تحفظ کے اقدامات ضروری ہیں۔

جنگلات کے کٹاؤ کے نقصانات: انسان اپنی رہائش کی خاطر اور جلانے کی لکڑی حاصل کرنے کے لئے بڑی تیزی سے جنگل کاٹ رہا ہے۔ ایک درخت کو کاٹتے ہوئے انسان خود اپنے پیروں پر کلہاڑی مار رہا ہے۔ جنگلی جانوروں کی بقاء اور انسانی صحت کے لئے بڑے خطرے پیدا ہو رہے ہیں۔ جنگل کاٹنے کے چند نقصانات اس طرح ہیں۔ جنگل کے کاٹنے سے زمینی کٹاؤ کا خطرہ بڑھ جاتا ہے۔ تیز ہواؤں اور بارش کے سبب زمین کٹنے لگتی ہے۔ اور زرخیز زمین بہہ جاتی ہے۔ جنگل کے کاٹنے سے قدرتی وسائل کے حصول میں دشواری پیدا ہونے لگتی ہے۔ تعمیری لکڑی اور ایندھن کی لکڑی کی قلت کے سبب اس کی قیمت بڑھ رہی ہے۔ مستقبل میں ایندھن کی لکڑی کی طلب بڑھنے کا خطرہ بڑھ رہا ہے۔ ادویات اور دیگر ضروری اشیاء کی مانگ بڑھ رہی ہے۔ جنگلات کے کٹاؤ سے سیلاب آتے ہیں۔ سیلابی پانی اپنے تیز بہاؤ کی وجہ سے زمین کاٹ کر بھاری مقدار میں مٹی اور ریت لے جاتا ہے۔ یہ ریتی پانی جمع کرنے کے ڈیموں میں جمع ہونے لگتی ہے۔ ریت کی موجودگی سے ڈیموں میں پانی کم جمع ہوتا ہے۔ اس طرح برقی کی پیداوار اور دیگر زرعی مقاصد کے لئے بھاری مصارف سے تیار کردہ ڈیم کم پانی اور زیادہ ریت رکھنے کے سبب اپنا مقصد کھو دیتے ہیں۔ تلنگانہ میں نظام ساگر ڈیم میں زیادہ ریتی جمع ہوگئی ہے۔ اور وہاں کم پانی جمع ہو رہا ہے۔ جنگل کاٹنے سے موسم میں تغیر پیدا ہوتا ہے۔ اوسط بارش میں کمی واقع ہوتی ہے۔ جنگلی جانوروں کا ٹھکانہ برقرار نہ رہے تو ان کی زندگی خطرے میں پڑ جاتی ہے۔ جنگل ریگستانوں میں تبدیل ہونے لگتے ہیں۔ قحط سالی شروع ہو جاتی ہے۔ زرخیز زمین بنجر ہو جاتی ہے۔ آلودگی بڑھ جاتی ہے۔ کیونکہ درختوں کی کمی سے فضاء میں کاربن ڈائی آکسائڈ کی مقدار بڑھنے لگتی ہے اور آکسیجن کی کمی واقع ہوتی ہے۔ آج شہروں میں اسی وجہ سے فضائی آلودگی بڑھ گئی ہے جس کے سبب شہری لوگ زیادہ بیمار ہونے لگے ہیں۔

جنگلات کے تحفظ کے اقدامات: جنگلات کے تحفظ اور ان کی بقاء کی ذمہ داری انسانوں پر عائد ہوتی ہے۔اس کے لئے سرکاری اورعوامی سطح پر منصوبہ بند اقدامات کی ضرورت ہے۔عام طور پر جنگلاتی آگ،درختوں کی بڑے پیمانے پر کٹائی اور جانوروں کی ہلاکت سے جنگل تباہو جاتے ہیں۔اس لئے موجودہ جنگلوں کا تحفظ کیا جانا چاہئے۔اورتباہ شدہ جنگلوں میں تیزی سے اُگنے والے پودے لگانے کی مہم چلانا چاہئے۔ایندھن کے لئے لوگوں میں لکڑی کے بجائے بائیوگیس یا سورج کی روشنی سے چلنے والے شمسی چولہوں کے استعمال پر زور دینا چاہئے۔ جتنے درخت کاٹے گئے ہوں اتنے درخت لگانے چاہئیں۔حکومت اورعوام کوغیر قانونی طور پر درخت کاٹنے سے روکنا چاہئے۔قانون توڑنے والوں کوسخت سزادینی چاہئے۔سندرلال بہوگنا نے جنگلات کے تحفظ کے لئے گڑھوال یوپی میں چپکوتحریک شروع کی تھی اس طرح کی جنگل بچاؤ تحریکوں کوشروع کرنا چاہئے۔ جنگلات کے تحفظ سے ماحول قابو میں ہوگا۔اورانسانی زندگی کئی مسائل سے بچ سکے گی۔

توانائی کے قابل تجدید وسائل

(RENEWABLE RESOURCES OF ENERGY)

دنیا کی ترقی کے ساتھ توانائی کے مسائل پیدا ہورہے ہیں۔اور ساری دنیا اس کوشش میں لگی ہوئی ہے کہ کسی طرح اس کی توانائی کا مسئلہ حل ہو۔ غذا' پٹرول' برقی 'ایندھن اور دیگر ذرائع انسان اوراس کی مشینوں کو چلانے کے لئے توانائی فراہم کرتے ہیں۔توانائی کے بغیر کوئی کام نہیں ہوتا اور کوئی کام نہ ہوتو ملک کی ترقی نہیں ہوتی۔اس لئے جاپان' امریکہ کے بشمول ساری دنیا کے ممالک اس کوشش میں لگے ہیں کہ ان کی توانائی کا مسئلہ حل ہوتا کہ ان کے ممالک ترقی کرسکیں۔آیئے دیکھیں کہ ہمیں قدرت سے حاصل ہونے والی توانائی کے ذرائع کیا ہیں۔اورانہیں ہم کیسے بہتر طور پر استعمال کرسکتے ہیں۔

توانائی: کام کرنے کی طاقت فراہم کرنے والے ذریعہ کوتوانائی یا Energy کہتے ہیں۔سورج توانائی کا سب سے بڑا ذریعہ ہے۔ایسے وسائل جن کوقدرت میں ہم لامحدود طور پر پاتے ہیں اور جن کا بار بار استعمال ممکن ہے انہیں قابل تجدید توانائی کے وسائل کہتے ہیں۔ یہ وسائل حسب ذیل ہیں۔ ۱۔ شمس توانائی ۲۔ ہوائی توانائی ۳۔ آبی توانائی ۴۔ جزری توانائی ۵۔ سمندری ترمل توانائی ۶۔ جیوتھرمل توانائی ۷۔ بائیوماس توانائی ۸۔ بائیوگیاس توانائی

شمسی توانائی (Solar Energy):- سورج توانائی کا سب سے بڑا ذخیرہ ہے۔سورج روشنی کی شکل میں مستقل حرارت زمین کوروانہ کرتا ہے۔شمسی توانائی

قدرت میں مفت اورآسانی سے دستیاب ہے۔انسان شمسی توانائی کو چیزوں کوخشک کرنے، کپڑے سکھانے کیلئے استعمال کرتا آرہا ہے۔شمسی توانائی آلودگی سے پاک ہوتی ہے توانائی کے بنیادی ذخائر جیسے پٹرول لکڑی اورکوئلہ کی قلت کے پیش نظرسورج کی توانائی کو انسانی زندگی کے فائدے کیلئے استعمال کرنے کی کوشش کی جارہی ہے۔شمسی چولہے، شمسی ہیٹر، اورشمسی بیٹری سے چلنے والے بلب وغیرہ ایجاد ہوئے ہیں۔لیکن ان اشیاء کی قیمت زیادہ ہے اوران کا استعمال موسم کے انحصار پر ہوتا ہے۔ ہندوستان میں موسم گرما میں یہ اشیاءاستعمال کی جاسکتی ہیں۔خلاء میں گھوم رہے مصنوعی سیارے بھی شمسی توانائی سے کام کرتے ہیں۔مستقبل میں شمسی توانائی کا استعمال بڑھنے کاامکان ہے۔

ہوائی توانائی (Wind Energy):- ہواجب تیز چلے تو یہ طاقتور ہو جاتی ہےاورراستے میں آنے والے پیڑ پودوں کواکھاڑ دینے کی صلاحیت رکھتی ہے۔اسلئے پہاڑ کی چوٹی سمندر کا ساحل یاایسے علاقے جہاں ہواتیز چلتی ہے وہاں پنکھے لگادیئے جاتے ہیں۔ان پنکھوں کے چلنے سے مقناطیس میں برقی رو پیدا ہوتی ہے۔ ہندوستان کا سب سے بڑاہوائی فارم کنیا کماری میں واقع ہے۔ جہاں 380 میگا واٹ برقی تیار ہوتی ہے۔ ہوائی توانائی کے پیدا کرنے میں لاگت کم ہوتی ہےاورآلودگی بھی نہیں ہوتی۔تاہم ہوائی توانائی بھی موسم پرمنحصر ہوتی ہے۔ہواتیز تر چلےتو برقی کی پیداوار تیز ہوجاتی ہے۔

جزری توانائی (Tidal Energy):- سورج اور چاند کی قوت کشش سے سمندر میں اٹھنے والی موجوں میں بے انتہا توانائی چھپی ہوتی ہے۔ جزری توانائی کو حاصل کرنے کیلئے جزری باندھ (Tidal Dams) بنائے جاتے ہیں۔اونچی موجوں کے پانی کوان باندھوں میں جمع کرلیا جاتا ہے جب پانی قوت سے اس باندھ میں داخل

ہوتا ہے تو وہاں پر نصب کردہ ٹربائین گھومنے لگتے ہیں۔ جس سے بجلی پیدا ہوتی ہے۔ یہی عمل پانی کے ڈھلنے کے وقت دہرایا جاتا ہے۔ جزری توانائی کیلئے بلند موجوں کی ضرورت ہوتی ہے۔ ہندوستان میں خلیج کیمبے' سندر بن کے ڈیلٹاؤں میں جزری توانائی کو حاصل کرنے کا انتظام ہے۔

حیاتی گیس توانائی (Bio-Gas Energy):- بائیو گیس جانوروں کے گوبر' جنگلاتی وزراعتی کچرے سے تیار ہوتی ہے۔ یہ گیس میتھین' کاربن ڈائی آکسائیڈ' ہائیڈروجن اور ہائیڈروجن سلفائیڈ' پر مشتمل ہوتی ہے۔ فضلہ اور کچرے کو ایک بند پلانٹ میں جمع کیا جاتا ہے تو آکسیجن کی عدم موجودگی کی وجہہ سے پیدا ہونے والے بیکٹر یا فضلہ کو کھانے لگتے ہیں۔ اور خالی جگہ میں توانائی کے حامل گیس پیدا ہوتی ہے۔ یہ گیس سستی اور بہ آسانی پیدا کی جاسکتی ہے۔ اسے پکوان اور دیگر کاموں میں استعمال کیا جاسکتا ہے۔ اس سے آلودگی پیدا نہیں ہوتی اسے عام طور پر گوبر گیس کہا جاتا ہے۔

پانی سے پیدا ہونے والی بجلی / توانائی:- دریائی پانی کو بڑے بڑے باندھ بنا کر روکا جاتا ہے۔ جب پانی کو اونچائی سے نیچے چھوڑا جاتا ہے تو بہاؤ کے دوران باندھ کے دروازوں سے گرتا ہے اور اسکی طاقت سے ٹربائن کی پتیاں گھومنے لگتی ہیں۔ جس سے برقی پیدا ہوتی ہے برقی کی پیداوار کا آسان اور سستا طریقہ ہے۔ جس سے کوئی فضائی آلودگی پیدا نہیں ہوتی۔ سری سیلم ڈیم کو صرف برقی کی پیداوار کیلئے تعمیر کیا گیا ہے جبکہ ناگر جنا ساگر ڈیم ایک ہمہ مقصدی پراجکٹ ہے اور یہاں پر بھی برقی تیار ہوتی ہے۔

اس طرح توانائی کے یہ وسائل انسان کو قدرت نے مفت فراہم کئے ہیں۔ اب یہ انسان پر منحصر ہے کہ وہ انہیں بہتر طریقہ پر استعمال کرتے ہوئے کسطرح اپنی زندگی کو بہتر بناتا ہے۔

توانائی کا مسئلہ: موجودہ دور میں توانائی انسان کی اہم ضرورت بن گئی ہے۔ ذرائع حمل و نقل، کارخانوں، زراعت، مواصلات اور دفاع وغیرہ کاموں کے لئے توانائی ضروری ہے۔ سماج کی سماجی اور معاشی ترقی کے لئے توانائی کی ضرورت ہے۔ بڑی بڑی عمارتوں، دکانوں، بازاروں اور کارخانوں سب کے لئے برقی لازمی ہے۔ اگر مناسب برقی کی پیداوار نہ ہو اور برقی کا سلسلہ منقطع ہو جائے تو شہری علاقوں میں کاروبار چلانے کے لئے جنریٹر استعمال کئے جارہے ہیں۔ جس سے آلودگی میں اضافہ ہو رہا ہے۔ پانی کی سربراہی کے لئے برقی موٹر چلانے کی ضرورت پڑتی ہے۔ اگر برقی نہ ہو تو لوگوں کو پینے کے پانی کی سربراہی کا مسئلہ کھڑا ہو سکتا ہے۔ اس لئے توانائی کے محتاط استعمال کی ضرورت ہے۔ شہری زندگی کے لازمی سمجھے جانے والے الیکٹرک ساز و سامان فریج، گیزر، پنکھے، کولر، واشنگ مشین، گرائنڈر اور ہیٹر وغیرہ کو چلانے کے لئے برقی کی مسلسل سربراہی کی ضرورت ہے۔ شہری زندگی میں برقی کی قلت سے زندگی مسائل سے دوچار ہو جاتی ہے۔ اس لئے عوام کو برقی کا محتاط استعمال کرتے ہوئے مشینوں پر انحصار کرنے کے بجائے اپنا کام خود کرنا چاہئیے۔ اس سے صحت بھی اچھی رہتی ہے۔

پانی کا تحفظ: پانی زندگی کے لئے لازمی ہے۔ پہلے سمجھا جاتا تھا کہ زمین پر میٹھا اور صاف پانی آسانی سے مل جاتا تھا۔ لیکن اب ساری دنیا میٹھے پانی کی قلت سے دوچار ہے یا ہو سکتی ہے۔ آفریقہ اور مغربی ایشیاء میں پانی کا بحران زیادہ ہو سکتا ہے۔ کیونکہ یہاں آبادی زیادہ ہے۔ اور بارش غیر متوازن ہے۔ اقوام متحدہ کی ایک رپورٹ میں کہا گیا ہے کہ جس تیزی سے صاف پانی کی قلت ہو رہی ہے اگلے تیس برسوں میں دنیا کی دو تہائی آبادی پانی کی قلت کا شکار ہو جائے گی۔ گرما کے موسم میں زیر زمین پانی کی سطح گھٹ جاتی ہے۔ اور پانی کی کمی کا مسئلہ کھڑا ہو جاتا ہے۔ اس کے لئے پانی کے تحفظ کے اقدامات ناگزیر ہو جاتے ہیں۔

بارش کے پانی کا تحفظ: ہمارے سماج میں پانی کے تحفظ کی طرف توجہ نہیں دی جاتی۔ اور موسم گرما میں پانی کی قلت پر شور مچایا جاتا ہے۔ جبکہ موسم برسات میں بارش کا پانی بہہ کر ندی نالوں اور دریاؤں کے ذریعے سمندر میں جا گرتا ہے۔ سمنٹ کے مکانات اور سمنٹ کی پختہ سڑکوں کی تعمیر سے بارش کا پانی زمین میں جذب نہیں ہو رہا ہے۔ چنانچہ مکانات کی چھتوں پر گرنے والے بارش کے پانی کو پائپوں کے ذریعے نیچے لا کر مکان کے قریب بنائے گئے خصوصی گڑھوں میں چھوڑا جاتا ہے۔ ان گڑھوں میں اینٹ، کوئلہ، ریتی اور پتھر وغیرہ ڈالے جاتے ہیں۔ اس طرح کے گڑھے بنانے سے شہری علاقوں میں بارش کا پانی زمین میں جذب ہوتا ہے۔ اور علاقے میں پانی کی زیر زمین سطح میں بہتری آتی ہے۔ اس طرح پانی جمع کرنے سے بارش کے دوران سیلاب بھی نہیں آتے۔

باندھ کی تعمیر کے اثرات: ہندوستان میں برقی کی تیاری اور زرعی مقاصد کے لئے بڑے بڑے باندھ بنائے گئے۔ ان باندھوں سے شہری لوگوں کو فائدہ ہو رہا ہے۔ لیکن دیہی عوام بے گھر ہو رہے ہیں۔ انہیں مناسب ٹھکانہ دلانے کے لئے سندر لال بہوگنا، میدھا پاٹکر وغیرہ نے عوامی تحریکات چلائیں۔ تاکہ باندھ کی تعمیر سے متاثر ہونے والے بے گھر لوگوں کو آباد کیا جا سکے۔ ماحولیات کے تحفظ کے لئے انسان پر اخلاقی ذمہ داری عائد ہوتی ہے۔ انسان کو یہ سمجھنا چاہئے کہ وہ فطرت کا ایک حصہ ہے نہ کہ فطرت اس کے قبضے میں ہے۔ اپنے مفادات کے حصول کے لئے ماحول سے کھلواڑ نہیں کرنا چاہئے۔ دوسروں کے مسائل کو مد نظر رکھنا چاہئے۔ انفرادی طور پر اور اجتماعی طور پر انسانوں کو چاہئے کہ وہ اپنے ماحول کے تحفظ کے عملی اقدامات کریں۔ اسی میں ساری انسانیت کی بھلائی ہے۔

زیرزمین پانی کی سطح کیسے بڑھائیں؟

ہر سال ماہ اپریل اور مئی میں جنوبی ہند اور مئی جون میں شمالی ہند میں موسم گرما شاب پر ہوتا ہے۔ اور اس موسم میں پانی کی طلب بڑھ جاتی ہے۔ لیکن رسد گھٹ جاتی ہے۔ شہروں میں لوگوں کی گفتگو کا اہم موضوع یہی ہے کہ کیا آپ کے بورویل میں پانی آرہا ہے۔ اور اکثر لوگوں کا جواب یہی ہے کہ نہیں صاحب ہمارا بورویل تو سوکھ گیا ہے۔ سمپ بنائے ہیں اور ٹینکر سے پانی منگا رہے ہیں۔ اور ٹینکر کے لئے بھی ایڈوانس بکنگ کرنا پڑ رہا ہے۔ ٹینکر والے بھی نشیبی علاقوں میں بڑے بڑے بورویل ڈال کر رات دن زمین سے پانی نکال رہے ہیں۔ شہر میں دور دور تک کوئی جھیل' تالاب' یا کنواں نہیں ہے۔ ہر سال بارش کے موسم میں پانی پڑتا ہے۔ اور سڑکوں اور نالیوں سے ہوتا ہوا شہر کے باہر جا گرتا ہے۔ اور زیرزمین پانی کی نفوذ پذیری نہ ہونے سے ہر سال پانی کی سطح میں کمی ہوتی جارہی ہے۔ اور زمین میں پانچ سو ہزار فٹ کی گہرائی تک پانی نہیں ہے۔ عوام دولت کے بل بوتے پر پانی خرید رہے ہیں۔ حکومت نل اور ٹینکر سے دور دراز سے پانی سپلائی کرنے کی کوشش کر رہی ہے لیکن پانی کے مسئلے کے مستقل حل کی شعوری کوشش نہیں ہو رہی ہے۔

آیئے دیکھیں کہ قدرت میں مفت دستیاب پانی کو ہم کیسے سال بھر کے لئے محفوظ کر سکتے ہیں۔

پانی زندگی ہے، ایک ایسا عنصر جس نے کائنات میں موجود تمام سیاروں میں زمین کو منفرد مقام عطا کیا ہے۔ ہوا اور مٹی کے بعد پانی انسانی زندگی کی تیسری بنیادی ضرورت ہے اور انسانی جسم میں نظام انہضام سرانجام دینے، خوراک کے جزو بدن بننے، زہریلے مادوں کو خارج کرنے، سانس لینے، جسم کا درجہ حرارت قائم رکھنے، انسانی اعضاء کو طاقت اور آزادی دینے جیسے افعال سرانجام دیتا ہے۔ ہماری زمین ۷۱ فیصد پانی اور ۲۹ فیصد خشکی پر مشتمل ہے، جبکہ اس پانی کا

۹۷ فیصد حصہ سمندروں میں پائے جانے والے نمکین پانی اور ۲ فیصد قطبین پر برف کی صورت میں موجود ہے۔ دیگر الفاظ میں یہ کہا جاسکتا ہے کہ کرہ ارض پر موجود پانی کا صرف ایک فیصد پانی پینے اور آبپاشی کے مقاصد کیلئے دستیاب ہے۔اس ایک فیصد حصہ میں بھی برفانی چوٹیوں پر برف کی شکل میں، دریاؤں، تالابوں اور جھیل کی شکل میں میٹھا پانی موجود ہے۔ جو سال بھر ہر علاقے میں دستیاب نہیں رہتا۔اس لئے لوگ زیرزمین پانی پر انحصار کرتے ہیں۔ جو اکثر حالت میں کھارا ہوتا ہے۔اور صرف برتنے اور استعمال کے کام آتا ہے۔ پینے کے لئے اسے فلٹر کرنا پڑتا ہے۔ یہ پانی چونکہ اکثر علاقوں میں زیرزمین دستیاب رہتا ہے اور بورویل کی مدد سے باہر نکالا جا سکتا ہے۔اس لئے اسے گھریلو اور زرعی ضرورت کے تحت بڑے پیمانے پر استعمال کیا جارہا ہے۔ زمین کی سطح کے نیچے ایک مخصوص گہرائی پر چٹانوں کے درمیان خالی جگہوں اور سوراخ دار زمین کے حصوں میں بارش کے پانی کی نفوذ پذیری اور دریاؤں اور تالابوں کے زیرزمین راستوں کے ذریعے انسانی جسم کی رگوں میں خون کے دوران کی طرح پانی بہتا رہتا ہے۔ اور جمع ہوتا ہے۔ بوریل سے پانی کی نکاسی اور نشیبی علاقوں میں پانی کے ذخائر کے سوکھ جانے سے زیرزمین پانی ختم ہوجاتا ہے ۔ چٹانوں اور زمین کے حصے میں خلا پیدا ہوجاتا ہے۔اور زمین کے کھسکنے اور زلزلے کے جھٹکوں کے اندیشے بڑھ جاتے ہیں۔اس لئے زیرزمین پانی کی سطح کے خشک ہوجانا ایک خطرے کی گھنٹی ہے۔جس کی جانب ہنگامی حالات کے طور پر توجہ دینے کی ضرورت ہے۔

جس طرح بنی نوع انسان کو ہمیشہ سے پانی کی ضرورت رہی ہے اسی طرح جانوروں اور پودوں کی زندگی بھی پانی ہی کی مرہون منت ہے۔ ہندوستان کے بیشتر علاقوں میں شدید بارشوں کا نظام دریاؤں کی روانی میں انتہائی معاون ثابت ہوتا ہے، لیکن ہم اس پانی کو محفوظ کرنے کے بجائے سیلاب کی شکل میں ضائع کردیتے ہیں جو ہر سال بحیرہ عرب میں جا گرتا ہے۔ شہری علاقوں میں تیز بارش کے بعد یہ پانی سیورج سسٹم پر بھاری بوجھ بن جاتا ہے اور مسائل

پیدا کرتا ہے جبکہ دیہی علاقوں میں نشیبی زمینوں پر کھڑا ہو کر اس کی زرخیزی پر اس وقت تک اثر انداز ہوتا رہتا ہے جب تک بخارات بن کر اڑ نہ جائے۔غور طلب امر یہ ہے کہ ہمارے شہری علاقوں کی تقریباً تمام زمین سڑکوں، مکانات، صنعتوں اور مختلف تعمیرات سے ڈھک گئی ہے،۔شہر کنکریٹ کے جنگل بن گئے ہیں۔ جہاں گرنے والا بارش کا پانی زیر زمین نہیں پہنچ پاتا۔ایسے میں اگر ہم چھتوں پر برسنے والے غیر آلودہ پانی کو کامیابی سے زیر زمین پہنچادیں تو نہ صرف زیر زمین پانی کے ذخیرہ میں اضافہ کیا جاسکتا ہے بلکہ سیورج کے نظام پر کم بوجھ کی وجہ سے بوسیدہ پانی سے پیدا ہونے والی بیماریوں کا بھی ازالہ کیا جاسکتا ہے۔چھت پر برسنے والے بارش کے پانی کو زیر زمین ذخیرے تک پہنچانے کے لئے ہم پائپ کا استعمال کر سکتے ہیں۔اس مقصد کیلئے چھت پر جمع ہونے والے پانی کو صرف ایک ہی پائپ کے ذریعے گھر کے آنگن میں بنے ایک مخصوص گڑھے تک پہونچانا ہوگا۔جس میں کوئلہ پتھر وغیرہ ہوتے ہیں تا کہ پانی آسانی سے زمین میں جذب ہو سکے۔اور بارش کا پانی سویرتج سے بہہ کہ شہر کے باہر نہ جائے اور اپنے ہی علاقے کے زیر زمین پانی کی سطح میں اضافے کا باعث بنے۔اس عمل کیلئے پائپ کے بالائی حصے کو کپڑے کے فلٹر سے لپیٹ کر ریت کے باریک ذروں سے بچایا جاسکتا ہے، جس سے پائپ بند نہیں ہونگے۔اس طریقے سے مقامی طور پر زمین میں پانی کی نفوذ پزیری کو بہت حد تک بڑھایا جاسکتا ہے۔شہری علاقوں میں جس طرح جگہ جگہ پارک بنائے جارہے ہیں اسی طرح چھوٹی چھوٹی جھیلیں بھی بنانے کی ضرورت ہے۔اس کے لئے تعمیرات کے دوران منصوبہ بندی کی ضرورت ہے۔حیدرآباد میں گچی باؤلی کے راستے پر اور میاں پور کے علاقوں میں اس طرح کی چھوٹی جھیلیں ہیں۔اس سے ان علاقوں میں زیر زمین پانی کی نفوذ پذیری بہتر ہے۔میر عالم تالاب کے اطراف بھی یہی صورتحال ہے۔زیر زمین پانی کی سطح میں اضافے کے یہ چند اقدامات ہیں۔اس پروگرام پر عمل آوری کے لئے عوامی شعور کی بیداری اور حکومت کی جانب سے سخت اقدامات کی ضرورت ہے۔

آندھرا پردیش میں سابقہ حکومت نے اس جانب توجہ دلائی تھی لیکن بعد میں اس پروگرام کو روبہ عمل لایا نہیں جاسکا۔ اور اس سال موسم گرما میں زیر زمین پانی کی سطح میں کمی کے پیش نظر حکومت کے محکمہ آبرسانی اور دیگر محکموں کو توجہ کرنے کی ضرورت ہے۔

ہندوستان میں 2006ء تک 12 ملین بوریل تھے۔ جن کی تعداد اب دوگنی سے زیادہ ہوگئی ہے۔ بین الاقوامی واٹر مینیجمنٹ ادارہ ہندوستانی حکام کے ساتھ مل کر ہندوستان میں زیر زمین پانی کے ریچارج کے پروگرام پر عمل کررہا ہے۔ اس مسئلے پر تحقیق کی گئی۔ اور سخت چٹانی 65 فیصد علاقے میں پانی کے ریچارج پروگرام پر عمل آوری کے لئے 18000 کروڑ روپے صرف کئے گئے۔ اس پروگرام کے تحت نشیبی علاقوں میں چوڑے کنویں کھودے گئے اور اس پر کنکریٹ کی پٹیاں بنائی گئیں تاکہ بارش کا پانی ان گڑھوں میں جمع ہوکر زمین میں جذب ہو۔ سیلابی پانی کی تباہ کاریوں سے بچنے کیلئے یہی طریقہ کار دریاؤں کے گردونواح میں وسیع پیمانے پر اپنایا جاسکتا ہے۔ اس طرح ہم مستقبل میں پانی کی کمی سے آنے والی ان دیکھی تباہی سے بھی بچ سکتے ہیں اور پانی کو بھی محفوظ کرسکتے ہیں۔ ہندوستان کے سابق صدر اور نامور سائینس دان اے پی جے عبدالکلام نے دریاؤں کو آپس میں مربوط کرنے کی اسکیم پیش کی تھی لیکن ہمارے حکومتوں کو لوٹ مار کے اسکاموں سے نمٹنے میں اتنی فرصت کہاں کہ وہ عوامی بھلائی کی کسی اسکیم پر عمل کرسکے۔ ہندوستان میں انگریزوں کے بنائے ہوئے وسائل اور آندھرا پردیش میں نظام دور حکومت کے وسائل پر ہی اکتفا ہے۔ اور آزادی کے 65 سال بعد بھی آبپاشی اور عوام کو صاف میٹھے پانی کی آسانی سے دستیابی کی کسی اسکیم پر عمل نہیں ہوسکا۔ جب کہ امریکہ نے کہہ دیا کہ آئندہ ہونے والی عالمی جنگیں صاف میٹھے پانی کے علاقوں پر قبضے کے لئے ہونگیں۔ انسان نے جب سے فطرت کے قانون میں دخل دینا شروع کیا ہے اس وقت سے وہ اپنے پیر پر خود کلہاڑی چلا رہا ہے۔ جنگل کاٹ کر شہر بنائے جارہے ہیں۔ لیکن شہری اور دیہی علاقوں میں درخت اگانے کی مہم پر توجہ نہیں دی جارہی

ہے جب کہ درخت زمین کی نمی برقرار رکھنے ماحول کے درجہ حرارت کو قابو میں رکھنے اور صاف آکسیجن کی فراہمی میں مدد دیتے ہیں۔ شہروں میں درختوں کی کمی کی وجہ سے ہر سال شہری درجہ حرارت بڑھتا ہی جارہا ہے۔ اس لئے شہری عوام یہ عہد کریں کہ جہاں وہ کثیر منزلہ عمارتیں بنا رہے ہیں۔ اور ان عمارتوں میں فائر سیفٹی آلات لگا رہے ہیں۔ وہیں کثیر منزلہ عمارتوں کے لاکھوں مکینوں کے لئے زیر زمین پانی کے تحفظ کے لئے بارش کے پانی کی اپنے ہی گھر میں نفوذ پذیری کے گڑھے بنائیں۔ صاف آکسیجن کی فراہمی کے درخت لگائیں۔ اس سے درجہ حرارت بھی کم رہے گا۔ اور مجموعی طور پر ماحول قدرتی رہے گا۔ انسان جغرافیہ کی تعلیم تو حاصل کرتا ہے لیکن وہ تعلیم سے خود فائدہ نہیں اٹھاتا۔ ایسے میں تعلیم کے حقیقی ثمرات حاصل کرنے کی بھی ضرورت ہے۔

ہمارے یہاں پانی کی دستیابی اور وسائل کی ترقی بحرانی کیفیت اختیار کرتی چلی جارہی ہے، جبکہ قدرت کی طرف سے بارشوں کی حالیہ شدت میں کچھ پوشیدہ پیغام ہیں، جنہیں سمجھنے کی ضرورت ہے، کیونکہ مستقبل میں صورتحال بالکل الٹ بھی ہوسکتی ہے۔ ہوسکتا ہے کہ آنے والے برسوں میں مہینوں یا کئی سال تک بارش نہ ہو، تو ایسی صورت میں ہمیں مکمل طور پر زیر زمین پانی پر ہی گزارہ کرنا ہوگا۔ مستقبل کیلئے مناسب حکمت عملی اختیار کرتے ہوئے ہماری صوبائی اور مرکزی حکومتوں کو زیر زمین پانی کی سطح کو مناسب حد تک بڑھانے پر توجہ مرکوز کرنا ہوگی۔ اس مقصد کیلئے حکومت کو چاہئے کہ وہ عوام کو زمین میں پانی کی نفوذ پزیری کیلئے مختلف ترغیبات دے تاکہ پانی سے متعلق مستقبل کے خدشات سے نمٹا جا سکے۔

پلاسٹک کے استعمالات۔فائدے اور نقصانات

پلاسٹک ایک ایسا مادہ ہے جسے گرم کرتے ہوئے ملائم کیا جاسکتا ہے۔اور اُسے بار بار ڈھالا جاسکتا ہے۔ ایک امریکی جان ونرلی ہیاٹ نے 1869ء میں پلاسٹک کو دریافت کیا۔ پلاسٹک کے عناصر ترکیبی کے بارے میں تحقیقات جاری ہیں۔ پلاسٹک نامیاتی مرکبات کے خاندان سے تعلق رکھتا ہے۔ پلاسٹک کی تیاری کا بنیادی مادہ عام ذرائع جیسے کوئلہ' پٹرول' روئی' نمکین پانی' ہوا' چونا اور سلفر سے حاصل ہوتا ہے۔ان ذرائع سے حاصل ہونے والا خام پلاسٹکResin کہلاتا ہے۔Resin کو دیگر مادوں سے ملاکر پلاسٹک تیار کیا جاتا ہے۔اور پلاسٹک کی مطلوبہ اشیاء بنائی جاتی ہیں۔ پلاسٹک کی ایک قسم کا پالیمر ہے۔اسے پلاسٹک کے چھوٹے ذرات سادہ پانی اور الکوہل سے حاصل کیا جاتا ہے۔ پٹرول یا قدرتی گیس' آکسیجن اور کاربن کے مرکبات کو اونچے درجہ حرارت پر گرم کیا جائے تو ایتھلین تیار ہوتا ہے۔جس سے پالیمر حاصل کیا جاتا ہے۔ ہائیڈروجن کے بجائے کلورین' آکسیجن یا نائٹروجن کے استعمال سے مختلف استعمالات کیلئے مختلف قسم کا پالیمر تیار ہوتا ہے۔ پلاسٹک کی ایک قسم پالیتھین ہے اسے تھیلیاں بنانے سوٹ کیس بنانے تانبے کے تاروں کو ڈھانپنے' بوتلیں بنانے کیلئے استعمال کیا جاتا ہے۔ 1933ء میں ای ڈبلیو فاسیٹ اور آر۔او۔گبن پہلی مرتبہ پالیتھین کا استعمال دریافت کیا۔ دوسری جنگ عظیم کے بعد دنیا میں پالیتھین کا استعمال بڑھتا گیا۔ پلاسٹک کی ایک اور قسم (PVC) ہے جسے (Polyvinal Chloride) کہتے ہیں۔یہ پانی' تیزاب اور نمکیات سے خراب نہیں ہوتا۔اس لئے (PVC) سے پانی کی ٹانکیاں' بارش سے بچنے والے سامان'

کھلونے، چپل، پانی کے پائپ اور گاڑیوں کے پرزے بنائے جاتے ہیں۔ پلاسٹک کی ایک قسم نائلان ہے۔ اسے 1938ء میں کاروتھرس نے دریافت کیا یہ لچکدار مضبوط ہوتا ہے، اور نائلان کے دھاگوں پر مبنی اشیاء اور کپڑے بنانے میں استعمال ہوتا ہے۔ پلاسٹک کی دیگر قسمیں ٹرلین اور نرم ربڑ وغیرہ ہیں۔

☆ پلاسٹک کے استعمالات۔ فائدے اور نقصانات:۔

پلاسٹک سے بنی اشیاء کے بغیر ہماری روزمرہ زندگی کی ضروریات پوری نہیں ہوتیں۔ ہماری روزمرہ استعمال کی اشیاء جیسے کرسیاں، بال پن، برقی اشیاء، ٹوتھ برش، کنگھے، چوڑیاں، بیلٹ، جوتے، موزے، پردے واشنگ مشین، کولر، گھڑیاں، ٹیلی ویژن، ٹیلی فون، ریڈیو، ٹیپ ریکارڈر، فریج، ڈبے، پانی کی بوتلیں استعمال کے ڈبے، گاڑیوں کے پرزے، کھلونے وغیرہ یہ سب ہی پلاسٹک سے بنی ہوتی ہیں۔ اسطرح ہم کہہ سکتے ہیں کہ انسانی تہذیب اب پلاسٹک کی تہذیب میں بدل گئی ہے۔ پلاسٹک اپنی حالت میں قائم رہنے والا مرکب ہے۔ لیکن گرمی کے سبب اس سے زہریلی گیسیں خارج ہوتی ہیں۔ پلاسٹک کو جلانے سے ان سے جو زہریلی گیس خارج ہوتی ہیں وہ فضاء میں شامل ہوجاتی ہیں۔ اور بارش کے ذریعہ کھیتوں میں اناج کے پودوں کو نقصان پہونچاتی ہیں۔ اسطرح کا متاثرہ اناج استعمال کرنے سے جگر، گردے'' اور جسم کے دیگر اعضاء متاثر ہوتے ہیں۔ کینسر کا بھی خطرہ رہتا ہے۔ پلاسٹک سے بنی تھیلیاں سڑکوں، بازاروں، باغوں، کچرے کی کنڈیاں، نالیوں وغیرہ ہر طرف پھیلی ہوئی ہوتی ہیں۔ بعض جانور جیسے گائے بکری وغیرہ انہیں کھا رہے ہیں۔ ایک گائے کا آپریشن کر کے اسکے معدے سے کئی کلوگرام پلاسٹک نکالا گیا تھا۔ پلاسٹک کی تھیلیاں نالیوں میں رکاوٹ پیدا کرتی ہیں جس سے بارش میں پانی کے بہاؤ میں رکاوٹ پیدا ہوتی ہے۔ پلاسٹک سے بنی تھیلیوں میں غذائی اشیاء نہیں لانا چاہئے۔ کیونکہ

ان میں ملا ہوا اکیڈمیم غذا میں شامل ہو جاتا ہے اور صحت کو نقصان پہونچاتا ہے۔ دنیا کے بیشتر ممالک کی طرح ہندوستان میں بھی پالیتھین تھیلیوں پر پابندی عائد کی جا رہی ہے۔ حالیہ عرصے میں حکومت آندھرا پردیش نے بھی 40 نمبر سے کم کی پالیتھین تھیلیوں پر پابندی عائد کی ہے۔ اور خلاف ورزی کرنے والوں پر 500 روپئے تک جرمانہ عائد کرنے کی بات کہی ہے۔ لیکن عوامی شعور کی کمی کی وجہہ سے اس اسکیم پر مناسب عمل آوری نہیں ہو رہی ہے۔ پہلے زمانے میں لوگ بازار جاتے وقت کپڑے سے بنی تھیلی گھر سے لے جاتے تھے۔ اب بغیر تھیلی جانے اور دکان سے پلاسٹک کی تھیلی لینے کی عادت ہوگئی ہے۔ پلاسٹک کے مضر اثرات کے پیش نظر عوام کو اپنی صحت کا خیال کرنا چاہئے اور کپڑے سے بنی تھیلیوں کے استعمال کی عادت ڈالنی چاہئے۔ مختلف اداروں اور حکومت کی جانب سے SAY NO TO PLASTIC کی مہم بھی چلائی گئی ہے۔ اس مہم کو مزید عام کرنے کی ضرورت ہے۔ ماحول اور انسانی صحت پر پلاسٹک کے مضر اثرات دیکھتے ہوئے اس بات کی تحقیق کی جا رہی ہے کہ انسانوں اور ماحول کیلئے مناسب پلاسٹک دریافت کیا جائے۔ Symphony نامی کمپنی نے پلاسٹک کی ایک قسم تیار کی ہے۔ جو 60 دن تا 6 سال میں محفوظ طریقہ سے ختم ہو جاتا ہے۔ انسانی صحت پر پلاسٹک کے مضر اثرات کو دیکھتے ہوئے لوگوں کو چاہئے کہ وہ کم سے کم پلاسٹک استعمال کریں۔ آنے والی نسل کو صحت منداور صاف ماحول فراہم کرنے کیلئے ضروری ہے کہ پلاسٹک کے بارے میں معلومات کو عام کیا جائے اور اس کے کثرت سے استعمال کو ترک کیا جائے۔

تمباکونوشی اوراس کے مضر اثرات

انسان بنیادی طور پر عقل مند واقع ہوا ہے۔اپنی زندگی کو بہتر بنانے کے لئے وہ ہمیشہ خوب سے خوب تر کی تلاش میں رہتا ہے۔علم کی ترقی کے ساتھ انسان کائنات کو مسخر کرنے اور فطرت سے مقابلہ آرائی کرنے کے دعوے کرنے لگا ہے۔انسان اپنے آپ کو لاکھ عقل مند کہہ لےلیکن اس سے بہت سی ایسی بے وقوفی کی حرکتیں سرزد ہوتی ہیں کہ وہ جان بوجھ کر اپنے آپ کو ہلاکت میں ڈال لیتا ہے۔انسان کی ایسی بے شمار حرکتوں میں اس کی ایک عادت تمباکونوشی کی بھی ہے ۔ یہ ایک ایسی مہلک عادت ہے ۔ کہ جس کے اختیار کرنے کے بعد انسان Slowpoison کی طرح آہستہ آہستہ موت کے منہ میں جا گرتا ہے۔انسانی صحت پر تمباکو کے مضر اور ہلاکت خیز اثرات جاننے سے پہلے آیئے دیکھیں کہ تمباکو کی تاریخ کیا ہےاور کیسے یہ ساری دنیامیں عام ہوتا گیا۔

دنیا کی مختلف زبانوں میں تمباکو کے مختلف نام ہیں ۔اردوٗ فارسی اور پشتو میں اسے تمباکو کہتے ہیں جب کہ عربی میں اسے تمباک‘ سنسکرت میں چھارپتر ‘انگریزی میں Tobacco اور لاطینی زبان میں Tobaccom کہتے ہیں۔ یہ ایک مشہور ومعروف جھاڑ دار پودا ہوتا ہے۔ جس کی بلندی کم ازکم ایک فٹ اور زیادہ سے زیادہ ساڑھے تین فٹ ہوتی ہے۔ پتے بیضوی شکل کے اور پھول سرخی مائل ہوتے ہیں ۔اس کے بیج سرخ اور سیاہی دار ہوتے ہیں ۔تمباکو کی بوٗ تند وتیز اورذائقہ تلخ ہوتا ہے۔تمباکو کی پیدائش دنیا کے تقریباًہر حصے میں اور خصوصاً گرم آب وہوا والے ممالک میں زیادہ ہوتی ہے ۔مختلف ممالک میں مختلف اقسام کا تمباکو پیدا ہوتا ہے ۔

ہندوستان میں چار قسم کا تمبا کو دیسی کلکتی، سورتی اور پوربی پایا جاتا ہے۔

زمانہ قدیم سے ہی تمبا کو انسانوں کے علم میں رہا ہے۔اس کی ابتداء کے بارے میں تحقیق ابھی تک پایہ ثبوت تک نہیں پہونچ سکی۔ بقراط کے زمانے میں تمباکو سے مشابہ ایک بوٹی ہوتی تھی جو وبائی زہر کو دور کرنے کے لئے لگائی جاتی تھی۔گمان غالب ہے کہ وہ بوٹی ہی تمباکو کی شروعات کا باعث بنی ہوگی۔ابتداء میں یورپ کے لوگ تمباکو سے واقف نہیں تھے۔امریکہ کی دریافت کے بعد انہیں تمباکو کا علم ہوا۔

پندرہویں صدی عیسوی میں تحقیق پر پتہ چلا کہ امریکہ کے اصل باشندے ریڈ انڈین تمباکو کے استعمال سے واقف تھے۔کولمبس نے بھی امریکہ کے باشندوں کو نلکی میں بھر کر تمباکو نوش کرتے ہوئے دیکھا تھا۔کولمبس نے تمباکو کا پودا جزائر غرب الہند سے اسپین پہنچایا اور پھر پرتگال میں تمباکو کی کاشت شروع ہوئی۔ ایران میں تمباکو کا استعمال شاہ عباس ثانی کے عہد سے ہوا ۔ہندوستان میں مغلیہ دور حکومت سے قبل ہی تمباکو عام تھا۔تزک جہانگیری میں لکھا ہے کہ تمباکو فرنگی لوگ امریکہ سے ہندوستان لائے تھے۔اکبر عظم کے عہد میں شاندار حقے تیار ہوئے اور انہیں دربار میں متعارف کروایا گیا۔ابتدائی زمانے میں نلکیوں میں رکھ کر تمباکو نوش کیا جاتا تھا۔ بعد میں حقے ایجاد ہوئے۔ چونکہ حقہ بڑا ہوتا ہے اور اسے ایک جگہ بیٹھ کر ہی استعمال کیا جاتا ہے۔ اس کے استعمال میں پیش آرہی دشواریوں کو دیکھ کر تمباکو نوشی کے آرام پسند طریقے کھوجے جانے لگے اور تمباکو کو پتوں میں لپیٹ کر اور پھر کاغذ کی نلکیوں میں لپیٹ کر جسے فی زمانہ سگریٹ کہتے ہیں استعمال کیا جانے لگا۔

تمباکو سے سگریٹ بنانے کی دریافت اٹھارویں صدی کے ابتدائی دور میں جنوبی امریکہ میں ہوئی۔اس سے قبل سگار کا رواج عام تھا۔سگار کا پہلا کارخانہ 1750ء میں ہمبرگ میں قائم ہوا موجودہ شکل کا سگریٹ سب سے پہلی اسپین کے لوگوں میں عام ہوا اور پھر یہیں سے

دوسرے مما لک میں عام ہوا اور سے دوسرے مما لک پہنچا۔آج ساری دنیا میں تمبا کونوشی کا سب سے بڑا ذریعہ سگریٹ ہی ہے۔

متعدد طبی اور سائنسی تحقیقات کے بعد اب یہ بات طے شدہ ہے کہ تمبا کونوشی انسانی صحت کے لئے بے انتہا مضر ہے اور اس سے انسان سرطان یعنی کینسر جیسے مہلک مرض میں مبتلا ہو سکتا ہے۔ تمبا کو میں زہریلے مادے جیسے نکوٹین، پرونسک ایسڈ، ایکسرولین اور فرفیورل پائے جاتے ہیں۔ جن کے انسانی جسم میں داخل ہونے سے طرح طرح کے امراض اور شکایتیں پیدا ہوتی ہیں۔تمبا کو حواس خمسہ کو ناکارہ کر دیتا ہے۔قویٰ کمزوری پڑ جاتے ہیں۔ دماغی کمزوری واقع ہوتی ہے۔ رگ پٹھے کمزور پڑ جاتے ہیں۔ دل میں فتور پیدا ہوتا ہے۔ حلق اور نتھنوں میں خشکی پیدا ہوتی ہے۔ بدن دبلا ہو جاتا ہے۔ اور دق کا عارضہ لاحق ہو جاتا ہے۔تمبا کو طالب علموں کی دماغی ترقی کی روکتا ہے۔سگریٹ نوشی سے جسم میں خون گاڑھا ہوتا ہے جو عارضہ قلب اور فالج کے حملے کا باعث بن سکتا ہے۔ایک پروفیسر نے ذہانت کے اعتبار سے اپنے شاگردوں کو چار زمروں میں تقسیم کیا تحقیق پر پتہ کہ اول درجے والوں میں کوئی تمبا کونوش نہیں تھا۔اور سب سے نچلے درجے میں سب تمبا کونوش تھے۔اگر کوئی شخص سگریٹ پی رہا ہے اور اس کے سامنے کوئی سگریٹ کا دھواں سونگھ لے تو وہ شخص بھی سگریٹ نوشی کے مضر اثرات سے متاثر ہو سکتا ہے۔ اس لئے عوامی مقامات پر سگریٹ نوشی پر پابندی عائد ہے۔حکومت ہر سال سگریٹ کی قیمت بڑھا رہی ہے۔لیکن سگریٹ پینے والوں کی تعداد میں کمی واقع نہیں ہو رہی ہے۔

سگریٹ نوشی ایک فیشن بھی بن گیا ہے ۔ اب مردوں کے ساتھ ساتھ خواتین بھی سگریٹ پینے لگی ہیں ۔عورتوں کے لئے ہلکے اثر والے مخصوص برانڈ کے سگریٹ بازار میں دستیاب ہیں ۔عورتوں میں سگریٹ نوشی مغربی مما لک کے فیشن ایبل حلقوں میں کی جاتی ہے۔ مشرق کی خواتین اس وباء سے بہت حد تک محفوظ تھیں۔لیکن اب مشرقی مما لک میں بھی مغرب کی

تقلید کی بیماری اس حد تک پھیل گئی ہے کہ لوگ اس کے مضر اثرات اور نقصان پر سوچے سمجھے بغیر اور ان کی پرواہ کئے بغیر اندھی تقلید کئے جارہے ہیں اور اسی تقلید کا نتیجہ ہے کہ ہندوستان اور دیگر مشرقی ممالک میں بھی خواتین میں سگریٹ نوشی کا رواج فروغ پارہا ہے۔ یہ درست ہے کہ مغربی ممالک اور یورپ کے مقابل ہندوستان یا دیگر مشرقی ممالک میں سگریٹ نوشی کرنے والی خواتین کی تعداد کم ہے لیکن اس تعداد میں ضرور اضافہ ہورہا ہے۔ جو قابل تشویش بات ہے۔ اگر کوئی سگریٹ نوش خاتون حاملہ ہو تو اس کے پیدا ہونے والے بچے کی صحت پر برا اثر پڑتا ہے۔ اس طرح کسی خاتون کی سگریٹ نوشی سے ایک پوری نسل پر منفی اثر پڑ سکتا ہے۔

سگریٹ نوشی کا آغاز شوقیہ ہوتا ہے۔ لیکن یہ عادت آہستہ آہستہ انسان کے لئے لت ثابت ہوتی ہے اور بڑی مشکل سے ہی چھوٹتی ہے۔ سگریٹ کے مضر اثرات کے پیش نظر ڈبیوں پر قانونی تنبیہہ ''سگریٹ نوشی صحت کے لئے مضر ہے'' تحریر ہوتا ہے لیکن اس کے باوجود سگریٹ پینے والوں کی تعداد میں کمی ہونا تو دور کی بات ہے بلکہ روز افزوں اضافہ ہی ہوتا جارہا ہے۔

ہندوستان میں سرکاری میڈیا کے ذریعہ سگریٹ کی تشہیر پر پابندی ہے۔ لیکن پرنٹ میڈیا پر پابندی عائد نہیں کی جاسکی۔ ہر سال تمباکو نوشی کے مضر اثرات سے لوگوں کو آگاہ کرانے کے لئے 31 مئی کو عالمی یوم مخالف تمباکو نوشی منایا جاتا ہے۔ اس سال منائے گئے یوم مخالف تمباکو نوشی کے موقع پر تمباکو نوشی کے مضر اثرات سے متعلق جو اعداد شمار سامنے آئے وہ انتہائی سنگین نوعیت کے ہیں۔ ماہرین کا کہنا ہے کہ ہر روز دنیا میں تقریباً 11 ہزار افراد تمباکو نوشی سے متعلق امراض سے موت کا شکار ہو جاتے ہیں۔ تمباکو نوشی کے سبب مرنے والوں کی شرح دیگر اسباب جیسے ایڈز منشیات شراب نوشی سڑک حادثات قتل اور خودکشی کے ذریعہ مرنے والوں کے مقابلے میں تین گنا زیادہ ہے تمباکو اور اس سے متعلق اشیاء کی تیاری پر جہاں سالانہ 24 ہزار کروڑ صرف کئے جاتے ہیں۔ وہیں تمباکو نوشی کے ذریعہ پیدا ہونے والے امراض کے علاج کے ئے 27 ہزار کروڑ سے

زائد مصارف عائد ہو رہے ہیں۔

عالمی ادارہ صحت کے اعداد شمار کے بموجب ہندوستان میں مضر اشیاء کے استعمال سے سالانہ 64,460 افراد کینسر کا شکار ہو رہے اور ان میں آندھرا پردیش سرفہرست ہے۔ لہذا ضرورت اس بات کی ہے کہ تمباکو نوشی کے مضر اثرات سے نوجوانوں اور دیگر افراد کو آگاہ کیا جائے۔ سماجی سطح پر اس کی مذمت کی جائے۔ حکومت تمباکو کی صنعت پر کڑی شرائط عائد کرے۔ نصاب میں اس سے متعلق مضامین شائع کئے جائیں۔ تب امکان ہے کہ انسانی سماج کو کسی حد تک تمباکو نوشی کے مضر اثرات سے بچایا جاسکتا ہے۔

مسلم سماج اور معاشرہ میں خاص طور پر نوجوان اس لعنت کا شکار ہوتے جا رہے ہیں۔ اس لعنت کا شکار ہونے والوں میں اکثریت غریب خاندانوں سے تعلق رکھتی ہے۔ انہیں ابتداء میں اس کے مضر اثرات کا پتہ نہیں چلتا۔ اور جب پتہ چلتا ہے اس وقت تک خود وہی اس کا شکار ہو جاتے ہیں اور ان کے لئے اس سے ترک تعلق کرنا مشکل ہو جاتا ہے۔ تمباکو نوشی کی دیگر اقسام میں گٹکا کھانا اور اب شہروں میں خوبصورت حقوں میں رات رات بھر حقہ پینے کی لعنت بڑھ رہی ہے۔ یہ تمام عادتیں نوجوانوں کے لئے مضر صحت ہیں۔ اور ان سے چھٹکارہ پانے کے لئے نوجوانوں کو اپنی عادات بدلنے کی ضرورت ہے۔ معاشرے سے سگریٹ' حقہ' گٹکا اور زردہ نوشی کی عادتوں کو ختم کرنے کے لئے ضرورت اس بات کی ہے کہ اس تعلق سے بیداری مہم چلائی جائے۔

اسلامی تعلیمات اور مرض ایڈز سے تحفظ

ہر سال یکم ڈسمبر کو عالمی سطح پر یوم ایڈس منایا جاتا ہے۔صحت کی تنظیمیں ' کالج اور اسکول کے طلباء ریلیاں نکالتے ہیں۔ جلسے کئے جاتے ہیں۔حکومت کے پیغام کو عوام تک پہنچایا جاتا ہے۔ایڈس کے مریضوں سے ہمدردی کا اظہار کیا جاتا ہے۔اور پھر دنیا اپنی ڈگر پر چلنے لگتی ہے۔1995ء میں امریکی صدر نے یکم ڈسمبر کو عالمی یوم ایڈس قرار دیا تھا اور اس سے قبل اقوام متحدہ کے ادارہ عالمی ادارہ صحت WHO کے ایڈس مشن میں کام کرنے والے دو صحافیوں بن اا ور نیٹر نے 1988ء میں پہلی مرتبہ عالمی یوم ایڈس منانے کی تجویز رکھی تھی جسے اقوام متحدہ نے قبول کیا اور امریکی صدر کے اعلان کے بعد باضابطہ طور پر ہر سال یکم ڈسمبر کو عالمی یوم ایڈس کی تقاریب کا ساری دنیا کے ممالک میں اہتمام کیا جارہا ہے۔

آج ساری دنیا کے لوگوں کو جس بیماری سے خطرہ لاحق ہے وہ مرض ایڈس ہے۔ ایڈس HIV وائرس سے پھیلتا ہے۔ HIV یعنی (Human Immuno Defeciency Virus) انسانی جسم کے مدافعتی نظام کو نا کارہ بنادیتے ہیں۔یعنی انسانی جسم میں جراثیم سے لڑنے کی طاقت ختم ہوجاتی ہے۔وہ طرح طرح کی بیماریوں کا شکار ہوجاتا ہے۔HIV کی انتہائی حالت (AIDS) (Acquired Immeuno Deficiency Syndrome) کہلاتی ہے۔یعنی اگر کوئی انسان HIV سے متاثر ہوجائے تو وہ فوری نہیں مرجاتا اگر وہ مخصوص دوائیں لے طاقت ور غذائیں استعمال کرے اور صحت مند زندگی گذارے تو آٹھ تا دس سال کے بعد HIV ایڈس کی حالت کو پہونچتا ہے۔

HIV کا وائرس انسانی جسم کے درجہ حرارت میں زندہ پہونچتا ہے۔ HIV کا وائرس انسانی جسم کے درجہ حرارت میں زندہ رہتا ہے۔یعنی اسی گرمی کے مائعات خون وغیرہ میں زندہ رہتا ہے۔ کہا جاتا ہیکہ ایڈس کی ابتداء براعظم آفریقہ سے ہوئی اس کو پہلی مرتبہ 1981ء میں دریافت کیا گیا۔اس کے بعد سے اب تک ساری دنیا میں اس مرض سے 30 ملین سے ذائد افراد لقمہ اجل بن گئے ہیں۔ اور 35 ملین سے ذائد افراد جن میں بچوں کی بھی ایک بڑی تعداد ہے دنیا بھر کے بیشتر مما لک میں اس مرض سے متاثرہ ہیں۔ ہر سال عالمی سطح پر ادارہ صحت اور دیگر فلاحی اداروں کی جانب سے اس مرض کی روک تھام اور عوامی شعور کی بیداری کے لئے لاکھوں ڈالرخرچ کیئے جارہے ہیں لیکن اس مرض سے متاثرہ افراد کی تعداد میں اضافہ ہوتا ہی جارہا ہے۔اس سے پتہ چلتا ہے کہ اس مرض پر قابو پانے کے اقدامات غیر فطری ہیں۔ اور مرض پر قابو پانے کے بجائے اس کے مزید اضافے کا باعث بن رہے ہیں۔آج ساری دنیا میں اس مرض سے متاثرہ افراد میں براعظم افریقہ کا نمبر سرفہرست ہے جہاں کی 70% آبادی اس مہلک اور لاعلاج مرض میں مبتلا ہے۔افریقہ میں لوگ بوڑھے ہوتے ہی نہیں ہے اور اس مرض میں مبتلا ہونے کے بعد 40-30 سال کی عمر میں وفات پا جاتے ہیں۔ نائجیریا: ہندوستان اور جنوبی ایشیائی مما لک کا نمبر افریقہ کے بعد ہے جہاں اس مرض سے متاثرہ افراد کی تعداد بڑھتی ہی جارہی ہے۔۔ HIV وائرس آفریقہ کے بندروں میں پایا گیا تھا۔ اور وہ وہیں سے انسانی جسم میں منتقل ہوا۔ HIV وائرس کس طرح بندروں سے انسانی جسم میں داخل ہوا یہ معلوم نہیں ہوسکا لیکن یہ قیاس کیا جاتا ہیکہ انسان نے جنسی خواہشات کی تکمیل کیلئے غیر فطری طریقہ اختیار کیا اوران بندروں سے خواہش کی تکمیل کی اور HIV ان میں داخل ہوگیا اور دیگر انسانوں میں پھیلتا گیا۔ایڈز (AIDS) موجودہ دور کی ایک لاعلاج بیماری ہے۔ گویا یہ ایک قدرتی عذاب ہے جو شادی سے پہلے یا شادی کے بعد زنا

میں مبتلا ہونے والوں پر نازل ہوتا ہے۔اس بیماری سے سارے عالم میں لاکھوں اموات واقع ہورہی ہیں۔اس میں مرد،عورت،نوجوان،لڑکے اورلڑکیاں سبھی شامل ہیں۔سوال یہ پیدا ہوتا ہے کہ آخر دنیا کوایڈز کا تحفہ کس نے دیا؟غورکرنے سے پتہ چلتا ہے کہ مغربی اقوام کے فحش کلچر نے دنیا بھر میں ایڈز کوفروغ دیا ہے۔مغربی ممالک کے فحش ذہن رکھنے والے افراد(جن کا مخصوص گروپ ہے) نے انٹرنیٹ پر فحش ویب سائٹ،فحش لٹریچر،عریاں فیشن شو،مختلف انگریزی و فحش بلوفلمیں،سیریلز،نائٹ کلب شوز،فلموں میں ہیجان انگیز فحش مناظر،بوائے فرینڈ کلچر،گرل فرینڈ کلچر،آزادانہ جدید ثقافت کے نام پر غیر قانونی ناجائز تعلقات،ہم جنس پرستی کو دنیا کے کونے کونے میں مختلف منصوبہ بند طریقوں سے عام کرتے ہوئے دنیا کی مختلف اقوام کوایڈز جیسی مہلک اورخبیث بیماری میں مبتلا کر دیا۔دنیا کوفحش سماج میں تبدیل کرتے ہوئے مختلف مغربی ممالک سے تعلق رکھنے والے فحش گروپ نے عریانیت کو Pornographic Industry کے ذریعہ سارے عالم میں فروغ دیتے ہوئے کروڑہا روپے کمانے کا ذریعہ بنایا۔دنیا کے مختلف علاقوں میں طوائفوں کا جال بچھا دیا۔دنیا کے مختلف علاقوں میں طوائفوں کو پناہ دیتے ہوئے Red Light Areas قائم کرتے ہوئے جسم فروشی کو قانونی ذریعہ معاش بنا دیا۔مغربی ممالک میں ہم جنس پرستی کو قانونی طور پر جائز قرار دیتے ہوئے 'ہم جنس پرستی' کی شادیوں کو عام کر دیا۔ہم جنس پرستی ایک ایسا عمل ہے جسے جانور بھی پسند نہیں کرتے۔لیکن مغربی کلچر نے ہم جنس پرستی کواشرف المخلوقات میں عام کر دیا۔ہم جنس پرستی کی وجہ سے قومِ لوط پر پتھروں کی بارش کی شکل میں قدرتی عذاب نازل ہوالیکن موجودہ دور میں ہم اپنے اعمال کی وجہ سے قومِ لوط پر نازل ہونے والے عذاب سے بھی خطرناک قدرتی عذاب 'ایڈز' کی شکل میں دیکھ رہے ہیں۔یہاں یہ کہنا بے جا نہ ہوگا کہ دنیا تیسری جنگ عظیم کی شکل میں "AIDS War' کے ذریعہ تباہ ہورہی ہے۔

موجودہ دور میں مغربی عریاں کلچر نے دنیا کے تمام ممالک میں کم سن نوجوان لڑکے اور لڑکیوں کو ناجائز جنسی تعلقات میں مبتلا کر دیا، مغربی ممالک میں کم سن لڑکیوں کے حاملہ ہو جانے کے واقعات میں تیز رفتار اضافہ کر دیا۔ عریانیت کے سیلاب نے مقدس رشتوں کو بھی پامال کر دیا۔

دور جدید کی حیرت انگیز ایجاد انٹرنیٹ، عریانیت اور شہوانیت کو فروغ دینے میں ایک اہم ترین ذریعہ بن گیا ہے۔ انٹرنیٹ پر فحش ویب سائٹ، فحش چیٹنگ نے دنیا بھر میں شادی سے پہلے شادی کے بعد غیر قانونی ناجائز تعلقات کو تیز رفتاری سے عام کر دیا۔ حالانکہ انٹرنیٹ انتہائی مفید ایجاد ہے لیکن موجودہ دور میں اس کا غلط استعمال زیادہ ہو رہا ہے۔ اب تو سیل فون پر بھی فحش فلمیں، فحش تصاویر ڈاؤن لوڈ کئے جا رہے ہیں۔ اس سے ہر گھر میں تباہی کا خطرہ مزید بڑھ گیا ہے۔ موجودہ حالات میں عریانیت اور شہوانیت کو فروغ دینے والے عوامل سے محفوظ رہتے ہوئے زنا سے بچنا بھی جہاد کے مماثل ہے۔

بنیادی طور پر HIV چار طریقوں سے پھیلتا ہے۔

1 HIV سے متاثرہ عورت یا مرد سے غیر محفوظ جنسی تعلقات کے نتیجہ میں

2 HIV سے متاثرہ مریض کا خون کسی صحت مند انسان کو چڑھانے سے

3 ایڈس کے متاثرہ مریض کیلئے استعمال کی گئی سوئی یا بلیڈ دوسرا استعمال کرنے سے

4 ایڈس سے متاثر حاملہ عورت سے پیدا ہونے والے بچے کو

ایڈس ایک متعدی مرض نہیں ہے یہ ہوا' پانی' غذا' مکھی' مچھر سے نہیں پھیلتا' متاثرہ شخص کے استعمال کردہ حمام' بیت الخلاء اور تولیہ سے نہیں پھیلتا۔ ایڈس کے مریض کیساتھ اُٹھنے بیٹھنے کھانے پینے اور رہنے سہنے سے نہیں پھیلتا۔ دنیا میں 90 فیصد ایڈس غیر محفوظ جنسی تعلقات سے پھیل رہا ہے۔ باقی 10% دیگر تین ذرائع سے پھیل رہا ہے۔ برآعظم آفریقہ میں بچے اور عورتیں اس مرض سے زیادہ متاثر ہیں' اور ہندوستان میں بھی ایڈس کا مرض تیزی سے پھیل رہا ہے۔ اور

ریاست آندھرا پردیش ایڈس سے متاثرہ مریضوں میں ہندوستان سب میں سرفہرست ہے۔ ایڈس کے علاج کیلئے تحقیقات جاری ہیں لیکن ابھی تک ایسی کوئی دوا ایجاد نہیں ہوئی۔ جو ایڈس کے جراثیم کا مکمل خاتمہ کرتے ہوئے مریض کو صحت مند بنا دے البتہ کچھ دوائیں ایسی دی جارہی ہیں جس سے مریض کا عرصہ حیات کچھ بڑھتا دکھائی دیتا ہے۔

موذی مرض ایڈز کے بارے میں اقوام متحدہ کی جانب سے نئی جائزہ رپورٹ جاری کر دی گئی ہے۔ جس کے مطابق گزشتہ سات برس کے دوران اس مرض سے ہونے والی ہلاکتوں میں واضح کمی واقع ہوئی ہے۔ ایڈز سے متعلق اقوام متحدہ کے ذیلی ادارے نے اپنی سالانہ رپورٹ میں واضح کیا ہے کہ اس بات کا امکان پیدا ہو گیا ہے کہ اب ایڈز کی پھیلتی وبا کو کنٹرول کر لیا جائے گا۔ اقوام متحدہ کے ذیلی ادارے یو این ایڈز کے مطابق عالمی سطح پر اس مرض سے ہونے والی ہلاکتوں میں بھی واضح کمی کو ریکارڈ کیا گیا ہے۔ رپورٹ میں بیان کیا گیا کہ ایڈز کے حوالے سے ہونے والی مثبت پیش رفت کی وجہ دواؤں کے ساتھ ساتھ احتیاطی تدابیر پر عمل پیرا ہونا بھی ہے۔ اس سالانہ رپورٹ میں تازہ ترین اعداد و شمار بھی شامل کیے گئے ہیں۔ جس میں بتایا گیا کہ دنیا بھر میں ایڈز سے سب سے زیادہ ہلاکتیں 2005 میں ہوئی تھیں اور یہ تعداد 23 لاکھ تھی، جو اب کم ہو کر 2011 کے اختتام تک 17 لاکھ رہ گئی ہے۔ 2010 میں ایڈز سے ہونے والی ہلاکتوں کی تعداد اٹھارہ لاکھ تھی۔ رپورٹ کے مطابق دنیا بھر میں 34 ملین افراد ایڈز جیسے مرض میں مبتلا ہیں۔ اقوام متحدہ کی رپورٹ میں عالمی برادری کی ایڈز کے خلاف اجتماعی کوششوں کو انتہائی مناسب اور شاندار خیال کیا گیا۔ رپورٹ میں یہ بھی واضح کیا گیا کہ دنیا بھر میں آپس کے تعلقات یا انتقال خون سے پھیلنے والے انتہائی خطرناک مرض میں بھی کمی سامنے آئی ہے۔ 2011 میں ایڈز میں مبتلا ہونے والے افراد کی تعداد 25 لاکھ ریکارڈ کی گئی جو 2001 کے مقابلے میں بیس فیصد کم تھی۔ ادارے نے اس کمی کا کریڈٹ عالمی برادری اور ان حکومتوں کو پیش

کیا، جن کی خصوصی توجہ کی وجہ سے اس مرض کے بارے میں مختلف النوع معلوماتی اور حوصلہ افزا سرگرمیوں کا انعقاد کیا گیا۔ اس کے علاوہ اس کی کا سہرا مختلف دواساز اداروں کو باندھا گیا، جن کی ریسرچ سے ایسی شافی دوائیں تیار کی گئیں، جن کی وجہ سے اس مرض میں مبتلا افراد کی قوت مدافعت کو بہتر کرنے میں کامیابی حاصل ہوئی۔ رپورٹ میں گلوبل کمیونٹی کی صحت کو درپیش سب سے بڑا خطرہ بدستور ایڈز کے مرض کو قرار دیا گیا۔ رپورٹ کیمطابق گزشتہ دہائی کے دوران مدافعتی دواؤں اور معلوماتی سرگرمیوں سے اس مرض میں مبتلا ہونے والے افراد کی تعداد میں جوبیس فیصد کمی پیدا ہوئی ہے، اس کو ایک شاندار اجتماعی کوشش قرار دیا۔

دنیا کی اقوام میں مرض ایڈس کا جائزہ لیا جائے تو یہ حیرت انگیز انکشاف سامنے آتا ہیکہ مسلمان قوم میں مرض ایڈس کم پایا جاتا ہے۔ اس لئے یہ نعرہ دیا جارہا ہے کہ ''اسلامی زندگی اپناؤ ایڈس سے بچو'' کیونکہ خوفِ خدا نہ ہونے' صفائی کا خیال نہ رکھنے' شراب نوشی کے بعد نشہ کی حالت میں جنسی بے راہ روی کا شکار ہونے کے سبب ایڈس آسانی سے فاحشہ عورتوں سے مردوں میں منتقل ہورہا ہے۔ اوران مردوں سے ان کی بیویوں میں اور بیویوں سے اُن کے بچوں میں منتقل ہورہا ہے۔ اس لئے کہا جارہا ہیکہ مرد اپنی بیوی سے وفاداری نبھائیں ۔لیکن نعروں سے کوئی نتیجہ نہیں نکل رہا ہے۔ ہندوستان میں ٹرک ڈرائیوران پڑھ دیہاتی' گھروں سے لمبے عرصہ تک دور رہنے والے فوجی اور اس قسم کے لوگ جنسی بے راہ روی کا شکار ہوکر ایڈس سے متاثر ہورہے ہیں۔ اسلئے ضرورت اس بات کی ہے کہ ایڈس کے بارے میں مکمل جانکاری ہوتب ہی ایڈس سے بچاؤ ممکن ہے۔ نوجوان نسل میں اخلاقی تعلیمات خوف خدا اور صحت مندی کے اصولوں کی تعلیم دی جائے تو ایڈس کو بڑھنے سے روکا جاسکتا ہے۔ اسلام ایک دین فطرت ہے اس نے حضور اکرم ﷺ کی تعلیمات کے ذریعے واضح کردیا کہ جب بچہ شادی کی عمر کو پہونچے تو

اس کی شادی کر دینا چاہئے اگر کوئی شادی کی قدرت نہ رکھے تو اسے مسلسل روزے رکھنے چاہئیں تا کہ اس کی نفسانی خواہشات پر قابو پایا جا سکے۔ انسان کی نفسانی خواہشات ہوتی ہیں جن کی تکمیل کے لئے اگر اسے شادی جیسے جائز راستے نہ ملے تو وہ غیر محفوظ اور غیر اخلاقی جنسی تعلقات کی تلاش میں رہتا ہے۔ اور وہیں سے اس کی بربادی کا راستہ کھل جاتا ہے۔ ہندوستان میں ہندو سماج میں خوف خدا نہ ہونے اور شادی کے لئے جہیز اور کٹنم کے نام پر اور ذات پات اور برادری کے نام پر شادی کو موخر کیا جا رہا ہے اس لئے ان کے بچے بے راہ روی کا شکار ہو کر ایڈس سے متاثر ہو رہے ہیں۔ اس لئے سماجی سطح پر ضرورت اس بات کی ہے کہ ہندوستان میں شادی کی عمر کو کم کیا جائے اور لڑکی کی شادی 18 تا 21 سال میں اور لڑکے کی شادی 21 تا 25 سال میں کی جائے اور سماج سے کٹنم کی لعنت کو دور کرنے کے لئے سماجی اور مذہبی ادارے آگے آئیں۔ مسلمانوں میں بھی جہیز کی لعنت کے سبب شادی میں تاخیر ہو رہی ہے۔ تاہم مسلمانوں میں بچپن میں لڑکوں کی ختنہ کی سنت سے بھی ایڈس سے بچاؤ میں 99% تک کامیابی مل رہی ہے۔ ختنہ کی سنت سے بہت سے بیماریوں سے بچا جاتا ہے اس لئے آج غیر مسلموں خاص طور سے راجپوتوں اور دیگر اقوام میں ختنہ کی سنت کو عام کیا جا رہا ہے۔ اور دیگر ممالک میں بھی اس کے طبی فوائد دیکھ کر اسے اختیار کیا جا رہا ہے۔ مسلمانوں کی بھی یہ ذمہ داری ہے کہ وہ ایڈس کے موقع پر جہاں کہیں سمینار جلسے اور معلوماتی پروگرام منعقد ہوں اس بات پر زور دیں کہ اسلامی تعلیمات خاص طور سے شادی کو آسان بنانا اور ناجائز رشتوں کو غلط قرار دے کر مجرموں کو سخت سزا دینا اور خوف خدا کے ساتھ پاک صاف زندگی گذارنا ہی ایڈس کے مرض کا موثر علاج ہے۔ مرض ایڈس کا ابھی تک علاج دریافت نہیں ہوا اور ہوگا بھی نہیں کیونکہ سچی خبر دینے والے مخبر صادق پیغمبر اسلام حضرت محمد مصطفیٰ ﷺ کے ارشادات میں ہمیں یہ بات

ملتی ہے کہ اگر کسی قوم میں زنا کاری اور بدکاری عام ہو تو اس قوم میں ایسی بیماریاں پیدا ہونگی جن کا کوئی علاج نہیں ہوگا۔ اور آج ہم یہ نتیجہ دیکھ رہے ہیں۔ اور دین اسلام پر چلنے والے مسلمانوں میں یہ مرض نہیں کہ برابر ہے۔ اس لئے ہر سال یوم ایڈس کے موقع پر ہم واضح طور پر یہ اعلان کریں کہ ''اسلامی تعلیمات اختیار کرو ایڈس سے بچو''۔ ہماری نوجوان نسل کو ایڈس سے بچانا اسلیئے ضروری ہے کہ کل کے ذمہ دار شہری بننے والے ہیں۔ انہیں ملک کی ترقی کے مختلف کام کرنے ہیں۔ اگر یہ نسل ایڈس سے متاثر ہو جائے تو ملک کیلیئے کام کرنے والے لوگوں کی کمی ہو جائے گی۔ اچھے افراد کی قلت ہو جائے گی۔ آج ٹیلی ویژن اور انٹرنیٹ کے مضر اثرات سے بھی ہمارے نوجوان بے راہ روی کا شکار ہو رہے ہیں۔ ان میں دینی تعلیمات کو عام کرنے اور ان میں خوف خدا کا جذبہ پیدا کرنا بھی وقت کا اہم تقاضہ ہے۔ نوجوانوں کی بھی ذمہ داری ہے کہ وہ ایڈس کے بارے میں صحیح معلومات رکھیں۔ اور ان معلومات کو گاؤں گاؤں میں عام کریں۔ اسطرح دیہاتیوں ں کو ایڈس کے بارے میں جانکاری حاصل ہوگی۔ حکومت کو چاہئے کہ وہ ایڈس کے خلاف مہم کو اخلاقیات کے دائرے میں رکھ کر چلائے۔ ایسی کوئی بات اور کام نہ کریں جس سے نواجونوں کے جذبات مشتعل ہو جائیں اور وہ غلط راستے پر چلنے لگیں۔ NACO اور دیگر ادارے اگر ان باتوں کو اپنی مخالف ایڈس مہم میں شامل کریں تو امید ہے کہ اگلے چند سال میں ایڈس کی روک تھام میں اچھے نتائج برآمد ہو سکیں گے۔ بہرحال ایڈس جنگل کی آگ کی طرح پھیل رہا ہے اور اس آگ کو آگے بڑھ کر بجھانا سب کی ذمہ داری ہے۔ اور اس مرض سے بچنے کا واحد حل اسلامی تعلیمات کو اختیار کرنا ہے۔

احتیاط علاج سے بہتر

محاورہ مشہور ہے کہ احتیاط علاج سے بہتر ہے۔ انسان اپنی روزمرہ زندگی میں طرح طرح کے حادثات سے دوچار ہوتا ہے اور خودکو اور خاندان والوں کو پریشانیوں کا سامنا کرنا پڑتا ہے تاہم بیشتر حادثات بداحتیاطی سے وقوع پذیر ہوتے ہیں۔ اگر انسان تھوڑی سی سوجھ بوجھ سے کام لے اور ہروقت احتیاط کا پہلو ملحوظ رکھے تو وہ بلائے ناگہانی ثابت ہونے حادثات سے بہت حد تک محفوظ رہ سکتا ہے۔ ذیل میں روزمرہ زندگی میں اختیار کئے جانے والے احتیاط کے پہلو بیان کئے جارہے ہیں۔ بچوں کو تیز دھار والے چاقو، قینچی، دواؤں اور جلتی آگ سے دور رکھنا چاہئے۔ پانی سے بھرے ٹب کی پہنچ سے بھی بچوں کو دور رکھیں۔ اکثر سننے میں آتا ہے کہ رینگتا ہوا بچہ ٹب میں گر کر یا سمپ میں گر کر غرقاب ہوگیا۔ بچوں کا بخار ناپنے کے لئے تھرمامیٹر اس کے منہ میں نہ رکھیں۔ اگر بچہ تھرمامیٹر دانتوں کے زور سے توڑ دے تو تو اس میں موجود پارہ بچے کے لئے نقصان دہ ثابت ہوسکتا ہے۔ چھوٹے بچے چھت کی بالکونی سے نیچے دیکھنے کے عادی ہوتے ہیں۔ اگر ایک ڈوری سے انہیں باندھ دیں تو گرنے کا خدشہ نہیں رہے گا۔ گھر کے افراد اکثر بیمار ہوتے رہتے ہیں۔ سردی بخار، نزلہ، کھانسی پیچش وغیرہ کے لئے ضروری ادویات ایک ڈبے میں رکھنا چاہئیں اور دوائیں تاریخ ختم ہونے کے ساتھ بیکار ہوجائیں تو ان کی جگہ دوسری دوائیں رکھ دینا چاہئیں۔ زخمی ہونے یا آگ کی گرمی لگنے کے لئے استعمال ہونے والے ابتدائی طبی امداد کے باکس کو بھی گھر میں تیار رکھنا چاہئے۔ اگر آپ کے پاس کار ہو تو استعمال نہ ہونے کی صورت میں اسے مقفل رکھنا چاہئے۔ کار کو باہر رکھنے کے بجائے گھر کے آنگین یا گیاریج میں رکھنا چاہئے۔ آج کل کار کے پہیوں کی چوری کے واقعات بھی سنے جارہے ہیں۔ اگر آپ گھر سے یا شہر سے باہر جارہے

ہوں تو اپنے ساتھ پرس یا جیب میں اپنا نام پتہ فون نمبر وغیرہ لکھا ہوا کاغذ اضرور رکھیں ۔حادثات کی صورت میں اس سے بہت مدد ملتی ہے اپنے گھر کے نوکروں پر کبھی بھی مکمل بھروسہ نہ کریں۔ پہلے وہ آپ کو اعتماد میں لیں گے اور بعد میں موقع پاتے ہی قیمتی زیورات و اشیاء چوری کر لیں گے۔

قیمتی سامان کو ہمیشہ مقفل رکھیں ۔آج کل گھر کے ملازم کھانے پینے کی اشیاء بھی چوری کرنے لگے ہیں ۔ان سے چوکنا رہنے کی ضرورت ہے۔سونے سے قبل یہ اطمینان کر لیں کہ گھر کے تمام بیرونی دروازے بند ہیں یا نہیں بڑے مکانات میں غفلت سے چور گھروں میں داخل ہو جانے کا اندیشہ رہتا ہے۔اپنی دولت کے بارے میں اپنے پڑوسیوں اور اجنبیوں کو کبھی نہ بتائیں ورنہ بن بلائے کوئی مصیبت آسکتی ہے ۔کسی دور کے شناسا کو اپنا زیور نہ دیں۔آج کل زیور بدلنے کی دھوکہ دہی ہو رہی ہے ۔ لوگ نمونہ دکھانے کے بہانے زیور لیجا کر اس میں خرد برد کر رہے ہیں۔

اگر کسی کو سگریٹ نوشی کی عادت ہے تو اسے مچھر دان کے اندر بیٹھ کر نہیں جلانا چاہئے ۔ اس میں آگ لگنے کا خطرہ رہتا ہے ۔اگر گھر میں چوہے زیادہ ہو گئے ہوں تو انہیں چوہے دان سے پکڑنے کی کوشش کرنی چاہئے۔ کھانے کی اشیاء میں چوہے مار دوا ڈال کر انہیں گھر کے چاروں طرف نہیں ڈالنا چاہئے ۔بعض دفعہ چوہے یہ دوا کھا کر ایسی جگہ ختم ہوتے ہیں جہاں سے انہیں نکالنا دشوار ہو جاتا ہے اور گھر میں بدبو پھیل جاتی ہے ۔اس کے علاوہ چھوٹے بچے دوا ملی اشیاء کھالیں تو ان کی صحت بھی متاثر ہو سکتی ہے ۔ رات میں گھر سے باہر نکلنا ہو تو کم از کم گھر کی ایک لائیٹ کھلی رکھیں ۔اس سے چوری کا خطرہ کم رہتا ہے شہری علاقوں اور سنسان سڑکوں پر رات دیر گئے اکیلے نکلنا خطرہ سے خالی نہیں رہتا۔اگر جانا ضروری ہو تو کسی کو بتا کر جائیں ۔ جیب میں زیادہ نقدی یا قیمتی گھڑیاں یا عورتیں ہوں تو زیور پہن کر نہ نکلیں' لوٹ لئے جانے کا خطرہ رہتا ہے۔اگر کوئی سواری پر لفٹ دینے کی پیشکش کرے تو سوچ سمجھ کر قدم اٹھائیں ۔اگر اکیلی خاتون ٹرین سے سفر کرنا چاہے تو اسے فرسٹ کلاس کے بجائے سکنڈ کلاس کو ترجیح دینی چاہئے جس میں

زیادہ لوگ سفر کرتے ہیں اور اکیلے پن کا ڈر نہیں رہتا۔ گھر میں کسی میکانک' الیکٹریشن یا مزدور سے کام کرانا ہو تو جان پہچان والوں سے کرائیں اور جب تک کام ختم نہ ہو اس وقت تک اپنے ساتھ گھر کے یا پڑوس کے کسی فرد کو ساتھ رکھیں ورنہ دھوکہ دہی کا خدشہ لگا رہتا ہے۔ بڑے بنگلوں اور گھروں میں اکثر ایک سے زیادہ ملازمین اور خادمائیں کام کرتی ہیں ان کے فوٹو بھی ساتھ رکھ لیں۔ خادموں کے ذریعہ چوری ہو جانے کی صورت میں تفتیش اور تحقیقات میں سہولت رہتی ہے۔ اگر آپ کار سے سفر کر رہے ہوں تو بچوں کو ہمیشہ پچھلی نشست پر بٹھائیں۔ حادثہ کی صورت میں ڈرائیور کے قریب رہنا انکے لئے محفوظ نہ ہوگا۔ اس کے علاوہ بچے اکثر چپ نہیں رہتے وہ مشین کے ساتھ کچھ بھی چھیڑ چھاڑ کر سکتے ہیں۔ زندگی میں اکثر و بیشتر حادثات پیش آتے رہتے ہیں۔ ایسے مواقع پر سوچ سمجھ کر اور تیزی سے قدم اٹھانے کی ضرورت پڑتی ہے۔ چنانچہ حادثات کے وقت گھبرانا نہیں چاہئے اور اپنے آپ پر قابو پاتے ہوئے مناسب حکمت عملی اختیار کرنی چاہئے۔

گھروں میں آگ لگنے کے واقعات لاپرواہی سے ہوتے ہیں۔ ان سے بچنے کے لئے ماچس کی ڈبی اور لائٹر بچوں کی پہنچ سے دور رکھیں۔ اگر آپ محسوس کریں کہ پکوان گیس کی بو آرہی ہے تو ماچس کی کاڑی یا لائٹر نہ جلائیں۔ کھڑکیاں دروازے وغیرہ کھولدیں اور چولہے اور اس کے پائپ کی جانچ کروائیں۔ پکوان ختم ہونے کے بعد ریگولیٹر اور چولہے کے ناب کو یاد سے بند کر دیں۔ ریگولیٹر بند کرنے سے گیس کی بچت بھی ہوتی ہے۔ سلنڈر کو ہمیشہ سیدھی حالت میں رکھیں اور چولہے کو سلنڈر سے اونچائی پر رکھیں ۔ نیچے رکھ کر پکانے سے زیادہ مقدار میں گیس چولہے تک آتی ہے۔ چولہے میں خرابی پر لاپرواہی نہ کریں اور فوراً میکانک سے رجوع ہوں۔ کیروسین کا چولہا جلاتے وقت اس میں تیل نہ ڈالیں' ہمیشہ اچھی قسم کا چولہا استعمال کریں۔ اسٹو پھٹنے کے اکثر حادثات غیر معیاری چولہوں کے استعمال کے سبب ہوتے ہیں۔ فرش کی صفائی میں زیادہ چمکدار بنانے کی کوشش نہ کریں پھسل کر گرنے کا ڈر رہتا ہے۔ تیل یا پوڈر گرنے کی

صورت میں فوراً صفائی کرلیں۔

گھر میں شیلف میں عموماً کتابیں رکھی ہوتی ہیں کتابوں کو صفائی سے رکھیں۔ مہینہ دو مہینہ میں ان کی صفائی کریں ورنہ کتابوں کو دیمک لگ جانے کا خدشہ رہتا ہے۔ گھر میں میوہ فروشوں، ترکاری فروشوں یا ملازمین کے بچوں کو داخل ہونے نہ دیں، اگر بلائیں تو ان پر گہری نظر رکھیں، جاتے جاتے کوئی بھی چیز اٹھا کر لے جاسکتے ہیں۔ سڑک پار کرنے میں جلد بازی نہ کریں۔ شاہراہوں پر زیبرا کراسنگ پر ہی سڑک عبور کریں۔ اگر سڑک پار کرنے کے دوران کوئی تیز رفتار گاڑی آتی دکھائی دے تو اسے ہاتھ کے اشارے سے سامنے یا پیچھے سے جانے کے لئے کہیں، سڑک پر جھجھک دکھانے سے حادثات ہوسکتے ہیں۔

زنگ آلود قفل کو کام میں لانے کے لئے قفل میں تیل ڈالنے کے بجائے کنجی کو تیل لگائیں۔ سلک اور نائیلان کے کپڑوں کو چھاؤں میں سکھائیں۔ المونیم یا پلاسٹک چڑھے ہینگر استعمال کریں۔ لوہے کے یا لکڑی کے ہینگر استعمال کرنے سے دھبے آسکتے ہیں۔ اوزار کے ڈبے میں ایک کوئلے کا ٹکڑا رکھیں۔ یہ آبی بخارت کو جذب کرے گا اور سامان زنگ لگنے سے محفوظ رہے گا۔ اگر کوئی بال پن، سیاہی ہونے کے باوجود چلتے چلتے رک جائے تو اسے کسی کانچ کی سطح پر رگڑنا چاہئے۔ چلنا شروع ہوجائے گا۔ اگر آپ لکھنے کے لئے کسی کو قلم دیں تو قلم کا کیپ اپنے پاس رکھیں۔ لوگ قلم واپس کرنا نہیں بھولیں گے۔ اگر سامان کو مضبوطی سے باندھنا ہو تو پلاسٹک کی رسی کو گرم پانی میں ڈبو کر باندھیں۔ رسی سوکھنے کے بعد سکڑے گی اور مضبوطی سے بندھ جائے گی۔ اگر لفافے سے اسٹامپ نکالنا ہو تو اسے پہلے پانی میں بھگوئیں۔ تھوڑی دیر بعد اسٹامپ آسانی سے نکل آئے گا۔

اگر الارم والی گھڑی کا الارم کم ہو تو گھڑی کو ایک ٹین کے ڈبے میں رکھیں الارم کی آواز زور سے سنائی دے گی۔ جب عطر یا سینٹ کی شیشی ختم ہوجائے تو اسے نہ پھینکیں بلکہ ڈھکن کھول

کر خالی شیشی کپڑوں کے درمیان رکھ دیں خوشبو کپڑوں میں آتی رہے گی۔ استعمال شدہ چائے کی پتی اور انڈے کے چھلکے پھولوں کے پودوں اور کنڈوں میں لگائے جانے والے پودوں کے لئے اچھی کھاد ثابت ہوتے ہیں۔ پوڈر کے خالی ڈبوں کو نہ پھینکیں۔ اس کے ڈھکن کو کھول کر اسے رنگ دیں اور گلدستہ کے طور پر استعمال کریں۔ ناریل کے خول کو صاف کر کے ایشٹرے کے طور پر استعمال کیا جاسکتا ہے۔ کسی بھی خالی ڈبے کے اوپری ڈھکن کو کھول دیں اور اسے ٹوتھ برش، قلم پنسل وغیرہ رکھنے کے لئے استعمال کریں۔ کپڑے دھونے کے بعد بچے ہوئے صابن کے پانی کو فرش، حمام پلاسٹک کور یا ٹیبل کلاتھ دھونے کے کام میں لائیں۔ بچے ہوئے پانی کو بیت الخلاء میں بہائیں نالیوں میں جھنگر وغیرہ نہیں رہیں گے۔ ڈنڈی ٹوٹ جانے والے برتنوں کو گلدستے کے طور پر استعمال کر سکتے ہیں۔ اگر جوتوں کی پالش سوکھ جائے تو اسے نہ پھینکیں اس کا باریک پوڈر بنائیں اور اس میں ٹرپن تیل ملا کر اسے دوبارہ استعمال کے قابل بنائیں۔

اگر آپ کے پاس پرانی چھتری ہو اور اس کے کپڑے میں سوراخ ہوں تو ان پر رنگ برنگے کپڑے چسپاں کیجئے اور چھتری کو باغ کے پھولوں کی طرح خوش نما بنایئے۔ فرنیچر ہٹاتے وقت پائیوں کے نیچے کپڑا باندھ دیجیے، فرش پر لکیریں نہیں آئیں گی۔

گھر کا کچرا ایک ڈبے یا بڑی پالی تھین تھیلی میں جمع کریں اور اسے دن میں ایک مرتبہ صحیح طریقہ سے پھینک آئیں۔ ٹین کے ڈبے میں ایک مقناطیس رکھیں، سوئیاں اس سے چمٹی رہیں گی اور انہیں ڈھونڈنے میں آسانی ہوگی۔ رات میں لائیٹ جانے کی صورت میں موم بتی اور ماچس ڈھونڈنے کی پریشانی سے بچنے کے لئے گھر کے ہر کمرے میں کسی محفوظ جگہ پر ماچس اور موم بتی رکھیں۔ ڈھونڈنے میں آسانی ہوگی۔ یہ اور اس طرح کی کئی باتیں روزمرہ زندگی میں ایسی ہیں جو سابقہ لوگوں کے تجربات پر مبنی ہیں۔ انہیں ذہن میں رکھتے ہوئے زندگی کو آرام دہ اور پرسکون بنایا جاسکتا ہے۔

صحت ایک عظیم نعمت

زندگی ہمیشہ پھولوں کی سیج نہیں ہوتی۔ مشکلات، مسائل اور جدوجہد کی صورت میں اس کی راہ میں کانٹے بھی ہیں۔ زندگی کو خوش حال اور کامیاب بنانے کے لئے ہم بہت کچھ کرتے ہیں۔ سمجھدار انسان وہی ہے جو کامیاب لوگوں کے تجربات سے فائدہ اٹھاتے ہوئے اپنی زندگی کو خوش حال بنائے۔ ذیل میں صحت کے موضوع پر کارآمد اور مفید باتیں پیش کی جارہی ہیں اور امید کی جاتی ہے کہ لوگ ان باتوں پر عمل کرتے ہوئے ایک صحت مند زندگی گزاریں گے۔

مقولہ مشہور ہے کہ ''تندرستی ہزار نعمت ہے''۔ بلاشبہ اچھی صحت انسان کے لئے ایک عظیم نعمت ہے۔ خوش قسمت ہوتے ہیں وہ لوگ جو اچھی صحت کے مالک ہوتے ہیں۔ ہم سبھی جانتے ہیں کہ اچھی صحت کے بغیر زندگی بے کار ہے تاہم یہ بات بھی اہمیت کی حامل ہے کہ صحت مند رہنے کے لئے ہم کتنی سنجیدہ کوشش کرتے ہیں۔ آیئے اب ہم ان غلطیوں کو نہ دہرائیں جن کے سبب ماضی میں ہمیں بیمار ہونا پڑا تھا۔ ہم سب روزگار کے حصول کے لئے کوئی نہ کوئی پیشہ اختیار کرتے ہیں۔ نئے زمانے کے تقاضوں کو پورا کرنے کے لئے آج کل خواتین کی ایک بڑی تعداد بھی ملازمت یا کسی نہ کسی پیشہ سے وابستہ ہے۔ دن بہ دن کام میں مصروف رہنے سے بھی انسان تھکن اور بوریت محسوس کرتا ہے اسے دور کرنے کے لئے ہفتہ میں یا مہینہ پندرہ دن میں ایک مرتبہ قریبی تفریحی مقام کو جانے سے خوشگوار تبدیلی محسوس کی جاسکتی ہے یا کسی پرسکون ماحول میں کچھ وقت گزارنے سے ذہنی بوجھ اور تھکان کم ہوتی ہے۔ اور صحت میں بہتری آتی ہے۔ صبح جلد اٹھنا اور کچھ دیر کے لئے چہل قدمی کرنا جسم کے ہر حصے کے لئے ایک اچھی ورزش ثابت ہوگا۔ مسلمان کی صبح تو فجر کی نماز کی ادائیگی کے ساتھ ہونی چاہئے۔ اس سے صبح کی تازہ ہوا بھی ملے

گی۔اس کے بعد گھر کے کام کرنے سے انسان کی ویسے بھی ورزش ہو جائے گی۔اگر نہیں تو چہل قدمی یا دیگر ورزش کرنے سے انسان کا جسم صحت مند رہے گا۔

متوازن غذا کھانی چاہئے۔گھر کی عورتوں کو خاندان کے افراد کی صحت پر گہری نظر رکھنی چاہیے۔مصالحہ دار اور چکنائی والی غذائیں مسلسل نہیں بنانی چاہئیں اور نہ بچوں اور بڑوں کو زیادہ کھانے کے لئے اصرار کرنا چاہیے۔ہمیں یہ بات یاد رکھنی چاہیے کہ ہم جینے کے لئے کھاتے ہیں نہ کہ کھانے کے لئے جیتے ہیں جہاں تک ہو سکے تلی ہوئی غذاوں کا استعمال ترک کریں۔ترکاری سے بنائے جانے والے سالنوں میں کم سے کم تیل استعمال کریں۔بہت زیادہ پکے ہوئے پھل نہ کھائیں اس میں شکر کی مقدار کم ہوگی اور اس سے پیٹ کا درد ہوگا۔بیکری کے بنے کھانے بھی صحت کے لئے مضر ہوتے ہیں۔اسی طرح فاسٹ فوڈ بھی جو مزے دار ہوتے ہیں لیکن صحت کے اعتبار سے انتہائی خطرناک ہیں۔ان سے وزن بڑھتا ہے اور بی پی شوگر کی بیماری لاحق ہو سکتی ہے۔ حد سے زیادہ کھانا وزن بڑھنے کی ایک اہم وجہ ہے۔کھاتے وقت احتیاط برتنے کی ضرورت ہے۔درحقیقت زیادہ کھانا ہی تمام بیماریوں کی جڑ ہے۔لہذا صحت مندی کے لئے اسلام میں بھی بھوک سے کچھ کم کھانے پر زور دیا گیا ہے۔قبض سے بچنے کے لئے وقت پر کھانا اور وقت پر اجابت جانے کی عادت ڈالنا چاہئے عموماً لوگ موٹاپا پسند نہیں کرتے۔اسے کم کرنے کے لئے کثرت کرنا ضروری ہے۔اپنے وزن کو تیزی سے کم کرنے کی کوشش نہ کریں بلکہ بتدریج کم کرنا چاہئے روزانہ صبح خالی پیٹ ایک چمچہ شہد میں ادرک کا چھوٹا ٹکڑا ڈال کر کھانا وزن کو موثر طور پر کم کرتا ہے۔وزن کم کرنے کے لئے چہل قدمی اچھی ورزش ہے۔بازار یا دوکان جانا ہو تو گاڑی کے بجائے پیدل جائیں' شہر میں بس سے سفر کر رہے ہوں تو منزل سے ایک اسٹاپ پہلے اتر کر تھوڑا پیدل چل لینا چاہیے۔رات میں جلد سونا اور صبح جلد بیدار ہونا بھی ایک صحت مند عادت ہوتی ہے۔رات میں کم از کم آٹھ گھنٹے کی نیند ضروری ہے بستر انتہائی نرم یا سخت نہیں ہونا چاہیے۔سوتے وقت چائے یا تمباکو نوشی نہیں کرنی چاہئے۔

ایک پیالی دودھ پینا مناسب ہوگا۔ سوتے وقت شور نہیں ہونا چاہئے۔ روشنی مدھم کردینی چاہئے اور ذہن کو برے خیالات سے پاک کر کے سونا چاہئے۔ روزانہ مقررہ وقت پر سونے کی کوشش کرنا چاہئے۔ نیند میں کمی سے صحت کو نقصان پہنچ سکتا ہے۔ خالی پیٹ یا زیادہ کھا کر نہیں سونا چاہیے۔ شام کے کھانے کے ایک یا دو گھنٹے بعد سونا چاہئے' خواب آور گولیاں کھانا صحت کے لئے انتہائی مضر ہے ایسی مصنوعی نیند کو نیند نہیں کہتے بے خوابی ایک مرض ہے اس پر قابو پانے کے لئے وقت کی پابندی کے ساتھ سونے کی عادت ڈالنی چاہئے۔ لیٹے لیٹے کھانا یا ٹیلی ویژن دیکھنا بھی بری عادت ہے۔ دن کے اوقات میں سونا بھی صحت مندی کی نشانی نہیں ہے۔ اگر صبح جلد جاگے ہوں تو دوپہر کے بعد تھوڑی دیر قیلولہ کر سکتے ہیں۔ یہ سنت ہے۔ سگریٹ نوشی' شراب نوشی اور کثرت سے چائے یا کافی پینا بری عادتیں ہیں۔ ان سے جتنی جلد چھٹکارہ ممکن ہو اتنا ہی صحت کے لئے مفید ہوگا۔ سگریٹ نوشی ترک کرنے میں دشواری پیش آئے تو آہستہ آہستہ ترک کرنے کی کوشش کریں۔

موسم کے اعتبار سے لباس اختیار کریں' گرما میں سوتی کپڑے پہنیں' ریشمی یا سلک کے کپڑے پہننے سے پسینے کی بدبو پیدا ہوتی ہے۔ نہانے کے بعد جسم پر ٹالکم پوڈر لگائیں۔ اس سے تمام دن جسم پسینے کی بدبو سے محفوظ رہے گا۔ صبح کے اوقات میں سورج کی روشنی میں بیٹھیں اس وقت کی شعائیں صحت کے لئے اچھی ہوتی ہیں۔ جسم کی مجموعی صفائی پر توجہ دیں' ظاہری صفائی سے ہی انسان کا باطن بھی صاف ہوتا ہے اسی لئے اسلام میں طہارت و پاکی کو نصف دین قرار دیا گیا ہے۔ چھوٹی موٹی بیماریوں پر طاقتور جراثیم کش دواؤں کا استعمال نہیں کرنا چاہئے۔ ہلکا سا بخار نزلہ' زکام' سر کا درد وغیرہ مناسب آرام یا گھریلو چٹکلوں سے دور ہو سکتا ہے۔ مرض بڑھ جائے تو فوری ڈاکٹر سے رجوع ہونا ہے۔ غرض صحت کے بارے میں مندرجہ بالا بنیادی امور کو ذہن میں رکھ کر زندگی گزاری جائے تو لوگ ایک صحت مند اور خوش حال زندگی گزار سکتے ہیں۔

آنکھوں اور بالوں کی حفاظت

آنکھیں قدرت کا عظیم عطیہ اور جسم انسانی میں حواس خمسہ کا اہم جز ہیں۔ آنکھوں کی بدولت ہی انسان دنیا کی رنگینیوں، رونقوں اور حوادث کا مشاہدہ کرتا ہے۔ اپنے کام آسانی سے کرتا ہے۔ اور کتابوں کے مطالعہ سے اپنی زندگی کو خوب سے خوب تر بناتا ہے۔ نابینا ہونے سے انسان جس قدر معذور ولاچار ہوتا ہے اس قدر جسم کے کسی اور عضو میں نقص کی سبب نہیں ہوتا۔ نابینا شخص کے لئے سب سے بڑی دولت بینائی ہے۔ اسی لئے محاورہ مشہور ہے کہ ''اندھا کیا چاہے دو آنکھ''! آنکھوں کی اہمیت کے باوجود بہت سے لوگ بچپن اور جوانی میں آنکھوں کے معاملے میں لاپرواہی کرتے ہیں اور بڑھاپے میں طرح طرح کی مشکلات سے دوچار ہوتے ہیں۔ ذیل میں آنکھوں کی حفاظت سے متعلق چند کام کی باتیں دی جارہی ہیں۔ چہرے کی خوبصورتی آنکھوں سے ہی ہے لہذا چہرے کو خوبصورت اور زندگی کو خوشگوار بنائے رکھنے کے لئے آنکھوں کی صحت اور نگہداشت پر خصوصی توجہ دینا چاہیے۔ کسی ایک جگہ مسلسل دیکھتے نہیں رہنا چاہیے بلکہ آنکھوں کو حرکت میں رکھنا چاہئے۔ پڑھتے وقت کتاب پر راست روشنی نہیں پڑنی چاہیے بلکہ روشنی پیچھے سے ہو۔ روشنی کے انعکاس سے آنکھیں چندھیا جاتی ہیں۔ اسکولوں میں بھی کمرہ جماعت کے بورڈ پر سورج کی کرنیں نہیں پڑنی چاہئے۔ پلکوں کو طاقت سے نہیں بلکہ نرمی سے بند کرنا چاہئے۔ پڑھتے وقت کتاب کا فاصلہ چہرے سے ایک تا ڈیڑھ فٹ دور ہونا چاہئے۔ ٹیلی ویژن یا کمپیوٹر اسکرین دیکھنا ہو تو کرسی پر سیدھے بیٹھنا چاہیے۔ گھنٹوں ٹیلی ویژن دیکھنے سے بینائی کے بہت جلد متاثر ہونے کا اندیشہ ہے۔ بچوں کو شیشی سے دودھ پلاتے وقت شیشی کو کپڑے سے ڈھانک دینا چاہئے ورنہ ترچھی آنکھوں سے بچہ اگر شیشی میں دودھ کی سطح دیکھنے کی کوشش کرے گا

تو اس کی بینائی متاثر ہوسکتی ہے۔آنکھوں کے اطراف جھریوں سے بچنے کے لئے بات کرتے وقت اور ہنستے وقت آنکھوں کو مناسب مقدار میں کھلا رکھنا چاہئے۔آنکھیں کم کھول کر ہنسنے اور بات کرنے سے جھریاں دکھائی دیتی ہیں۔گرما میں تیز روشنی سے بچنے کے لئے دھوپ کے چشمے استعمال کرنے چاہئیں۔سورج گرہن کے موقع پر راست آنکھوں سے گرہن کو دیکھنے کی کوشش نہیں کرنی چاہیے۔کیونکہ اس سے نکلنے والی الٹرا وائلٹ شعائیں بینائی کو متاثر کرسکتی ہیں۔ایسے مواقع پر سیاہ شیشے' ایکسرے فلم یا عینک استعمال کرنی چاہیے۔گاڑی کی سواری کے دوران دھول اور کیڑوں سے بچنے کے لئے بھی چشمے استعمال کرنے چاہئیں۔تاہم اچھے معیاری چشمے ہی استعمال کریں۔سستے بازاری چشموں کے استعمال سے آنکھوں کو نقصان پہنچنے کا اندیشہ ہے۔بچپن میں اگر بچوں کی بینائی متاثر ہو تو فوراً ڈاکٹر سے رجوع ہو کر عینک کا استعمال شروع کریں۔

بچوں کو وٹامن سے بھرپور غذائیں دینے سے بینائی بہتر ہوسکتی ہے۔بڑے لوگوں میں بھی جن کو عینک لگ چکی ہو وہ بغیر عینک کے مطالعہ یا ٹی وی دیکھنے کی کوشش نہ کریں۔ورنہ ان کی بینائی مزید متاثر ہوسکتی ہے۔عینک کے گلاس صاف کرتے وقت ایک بھیگا ہوا کاغذ یا کپڑا استعمال کرنا چاہئے۔صاف کرتے وقت یہ دھیان رکھیں کہ گلاس پر لکیریں نہیں آنے پائیں آنکھوں کو دھول اور دھوئیں سے بچانا چاہئے۔آنکھوں میں اگر کوئی ذرہ گر جائے تو آنکھوں کو ملنا نہیں چاہئے۔بلکہ صاف پانی میں آنکھ کھول کر ذرے کو نکالنے کی کوشش کرنا چاہئے۔

کم روشنی میں مطالعہ نہیں کرنا چاہئے اور نہ ہی گھر میں زیادہ روشنی ہو۔ٹیوب لائیٹ کی سفید روشنی ٹھنڈی ہوتی ہے۔آنکھوں کی صحت کے لئے وٹامن سے بھرپور غذائیں لینی چاہئے۔ پھل اور ترکاری کھانا چاہئے۔اور مناسب مقدار میں دودھ پینا چاہئے سورج کی شعائیں وٹامن D کا بہترین ذریعہ ہوتی ہیں۔صبح کے وقت مناسب مقدار میں سورج کی روشنی میں بیٹھنا چاہئے۔لیکن سورج کی کرنوں کو راست آنکھوں میں پڑنے نہیں دینا چاہئے۔چمکدار آنکھوں کے

لئے ہر روز صبح ٹھنڈے پانی سے آنکھوں کو دھونا چاہئے اور سوتے وقت نیم گرم پانی اور پھر ٹھنڈے پانی سے آنکھوں کو دھونا چاہئے۔ آنکھوں میں میل آنا ایک بیماری ہے۔ ڈاکٹر سے رجوع ہو کر آنکھوں میں قطروں والی دوا احتیاط سے ڈالنا چاہئے۔ آشوب چشم پانی کی خرابی سے پھیلنے والی وبائی بیماری ہے۔ ایسے موقع پر صفائی احتیاط اور مناسب علاج سے کام لینا چاہئے۔ آنکھ صاف کرتے وقت انہیں کپڑے سے رگڑنے میں احتیاط برتنی چاہئے۔ خمار آور یا سست دکھائی دینے والی آنکھوں میں تازگی لانے کے لئے عرق گلاب اور ٹھنڈے پانی کے محلول کو روئی میں بھگا کر پلکوں پر رکھنا چاہئے۔ آنکھوں کی تھکان دور کرنے کے لئے ککڑی کے ٹکڑوں کو کاٹ کر کچھ دیر پلکوں پر رکھنا چاہئے ایسا کرنے سے آنکھوں کو آرام ملتا ہے۔ اگر بھنویں پھیل گئی ہوں تو انہیں اکھاڑنے کی کوشش نہیں کرنا چاہئے بلکہ کسی بیوٹی پارلر کے ماہر سے رجوع کرنا چاہئے آنکھوں کی خوبصورتی کے لئے مناسب جڑی بوٹیوں سے بنا معیاری کاجل یا سرمہ لگانا چاہئے۔ سنت یہ ہے۔ کہ روزانہ سونے سے قبل تین تین سلائی سرمہ لگایا جائے۔ اس سے آنکھیں نورانی ہوں گی اور سنت کی ادائیگی کا اجر بھی ملے گا۔ انسان کی اخلاقی تربیت میں آنکھوں کا بڑا دخل ہے۔ اگر آنکھوں کے ذریعہ مخرب اخلاق مناظر دیکھے جائیں۔ بدنگاہی ہو تو اس کے اثرات سے انسان کے اخلاق خراب ہوں گے۔ حدیث شریف میں کہا گیا ہے کہ نگاہ شیطان کے تیروں میں سے ایک تیر ہے۔ لہذا برے مناظر سے آنکھوں کی حفاظت کی جانی چاہئے۔ بعض لوگوں کی آنکھوں میں عیب ہوتا ہے۔ اس عیب کو ظاہر کرتے ہوئے لوگوں کے دلوں کو ٹھیس نہیں پہنچانی چاہیے۔ غرض آنکھیں قدرت کی طرف سے عطاء کردہ عظیم نعمت ہیں لہذا ان کی حفاظت میں کوتاہی نہیں کرنی چاہئے۔

بالوں کی دیکھ بھال

جسم کی عمومی صحت ونگہداشت کے ساتھ ساتھ اعضائے جسم کی مناسب دیکھ بھال و نگہداشت انسان کی زندگی کوخوشگوار وخوش حال بناتی ہے۔جسم کاایک عضواگر بیمار ہوجائے تو سارا جسم متاثر ہو جاتا ہے اور انسان بیمار دکھائی دیتا ہے۔ ہرانسان کی خواہش ہوتی ہے کہ وہ خدا کی طرف سے عطاء کردہ چہرہ وجسم کے ساتھ خوب سے خوبصورت دکھائی دے۔چہرے کی خوبصورتی جس طرح آنکھوں کی نگہداشت پر منحصر ہے اسی طرح سر کی خوبصورتی کا انحصار بالوں کی مناسب دیکھ بھال پر ہے۔خواتین اپنے بالوں کا سنگھار پسند کرتی ہیں اورآج کل مرد بھی اپنے بالوں پرتوجہ دینے لگے ہیں۔اچھے اور سجے ہوئے بال چہرے کی خوبصورتی میں چار چاند لگا دیتے ہیں۔بال قدرت کی طرف سے عطاء کردہ خوبصورت اثاثہ ہیں اور مناسب احتیاط ودیکھ بھال کے ذریعہ انہیں نکھارا جاسکتا ہے۔ بالوں کا بنیادی عارضہ سرمیں بفہ کا آنا ہے جس سے بال گرنے لگتے ہیں۔بفہ دور کرنے کے لئے ریٹھے کا استعمال کرنا چاہئے یادوانڈوں کی زردی تھوڑے سے پانی میں ملا کراس محلول کو پانی سے دھلے بالوں میں اچھی طرح ملنا چاہئے۔تھوڑی دیر بعد بالوں کوگرم پانی سے دھونے سے بفہ دور ہوسکتا ہے۔سوکھے بالوں کو زیادہ نہیں رگڑنا چاہئے۔البتہ ان میں برابر کنگھی کرتے رہنا چاہیے۔صحت منداور خوبصورت بالوں کے لئے وٹامن B12 کی ضرورت پڑتی ہے غذا میں مناسب مقدار میں وٹامن پروٹین اورفولاد لینے سے بالوں کا گرنا کم ہوتا ہے متوازن اور پابند غذا سے اچھے بال آتے ہیں۔سگریٹ نوشی اور تفکرات بالوں کے دشمن ہیں۔روزانہ کم ازکم 8 گلاس پانی پینا چاہئے۔اس سے عمومی صحت کے ساتھ ساتھ بالوں کو بھی قوت ملتی ہے صحت مند بالوں کے لئے چربی والی اور زیادہ نمکین اور میٹھی غذائیں کم کرنی چاہئے۔بالوں کو زرد ہونے سے بچانے کے لئے غذا میں وٹامن B اور پروٹین کی مقدار بڑھانا چاہئے۔مرغ کا گوشت‘دودھ‘ بکری

کا گوشت، پتے والی ترکاریاں اور پھل وغیرہ کھانا بالوں کی صحت کے لئے فائدہ مند ہے۔ شکر، چائے، شراب وغیرہ کا استعمال وٹامن B کو برباد کر دیتا ہے۔ شدید گرمی میں سورج کی کرنیں راست بالوں پر پڑنے سے بال سوکھ کر اپنی چمک کھو دیتے ہیں بالوں کی جڑوں کو نقصان پہنچتا ہے اور بال گرنے لگتے ہیں۔ بالوں کو راست سورج کی روشنی سے بچانا چاہئے۔ اور خشکی دور کرنے کے لئے زیتون یا بادام کا تیل لگانا چاہئے۔ بالوں میں مالش اور کنگھی احتیاط سے کرنی چاہئے۔ کنگھی برابر کرنے سے بالوں میں ہوا کا بہاؤ مناسب ہوگا جس سے بالوں کی بہتر نشو نما ہوگی۔ بھیگے بالوں میں مالش نہیں کرنی چاہئے۔ نہاتے وقت زیادہ گرم پانی استعمال نہیں کرنا چاہئے اس سے بالوں کی جڑوں کو خطرہ ہو سکتا ہے۔ بالوں میں شیمپو لگانے سے قبل چوڑے دانوں والے کنگھے سے بالوں کو اچھی طرح کھول لینا چاہئے۔ یہ مناسب نہیں کہ ہر وقت الگ الگ قسم کا شیمپو لگایا جائے ہمیشہ ایک ہی قسم کا شیمپو استعمال کرنا چاہئے جو لوگ روز نہاتے ہیں انہیں صرف ایک مرتبہ ہلکا سا شیمپو استعمال کرنا چاہئے۔ زندگی کے دیگر شعبوں کی طرح انسان کی زیب و زینت و صاف صفائی کے بارے میں مذہب اسلام نے بھی رہنمایانہ اصول پیش کئے ہیں۔ بالوں کے ضمن میں حضور اکرم ﷺ کا طریقہ اور آپؐ کے ارشادات کا خلاصہ یہ ہے کہ بالوں کے معاملے میں مردوں کو عورتوں کی اور عورتوں کو مردوں کی شباہت اختیار نہیں کرنی چاہئے۔ مرد و عورت دونوں کے لئے درمیان سے سیدھی مانگ بنانے کا حکم ہے اگر بال سفید ہوں تو حنا مہندی کے استعمال کی تلقین کی گئی ہے۔ زیب و زینت کے لئے بھنویں بنانے سے منع کیا گیا ہے۔ حضور اکرم ﷺ کی عادت شریفہ تھی کہ آپؐ زلف رکھتے تھے۔ کبھی کبھار مکمل سر مونڈ بھی لیا کرتے تھے۔ خواتین کے لئے اپنے بالوں کے ساتھ دوسروں کے بال جوڑنے کی ممانعت ہے۔ البتہ ریشمی یا اونی دھاگے کی چوٹی لگانے کی اجازت دی گئی ہے۔ مسلمان اگر اپنی زندگی میں چھوٹی چھوٹی سنتوں پر عمل کریں تو انہیں سنت پر عمل پیرا ہونے کا ثواب بھی ملے گا اور وہ دوسرں کے لئے صحیح عمل کا نمونہ بنیں گے۔ غرض مندرجہ بالا امور پر عمل کرتے ہوئے بالوں کی مناسب دیکھ بھال کی جاسکتی ہے۔

کلونجی کے فائدے

طب نبوی صحت کے معاملے میں ساری انسانیت کے لئے رہبر ہے چنانچہ نبی اکرم صلی اللہ علیہ وسلم کا ارشاد ہے کہ کلونجی استعمال کیا کرو کیونکہ اس میں موت کے سوا ہر بیماری کے لیے شفا ہے۔ کلونجی ایک قسم کی گھاس ہے۔ اس کا پودا خودرو اور چالیس سنٹی میٹر بلند ہوتا ہے۔ بالکل سونف سے مشابہ ہوتا ہے۔ پھول زردی مائل، بیجوں کا رنگ سیاہ اور شکل پیاز کے بیجوں سے ملتی ہے۔ یہی وجہ ہے کہ بعض لوگ انہیں پیاز کا ہی بیج سمجھتے ہیں۔ کلونجی کے بیجوں کی بو تیز اور تاثیری شفا سات سال تک قائم رہتی ہے۔ صحیح کلونجی کی پہچان یہ ہے کہ اگر اسے سفید کاغذ میں لپیٹ کر رکھا جائے تو اس پر چکنائی کے دھبے لگ جاتے ہیں۔ کلونجی کے بیج خوشبودار اور ذائقے کے لیے استعمال کیے جاتے ہیں۔ اچار اور چٹنی میں پڑے ہوئے چھوٹے چھوٹے تکونے سیاہ بیج کلونجی کے ہی ہوتے ہیں۔ جو اپنے اندر بے شمار فوائد رکھتے ہیں۔ یہ سریع الاثر یعنی بہت جلد اثر کرتے ہیں۔

اطبائے قدیم کلونجی کے استعمال اور اس کے بیجوں کے استعمال سے خوب واقف تھے۔ معلوم تاریخ میں رومی ان کا استعمال کرتے تھے۔ قدیم یونانی اور عرب حکماء نے کلونجی کو رومیوں ہی سے حاصل کیا اور پھر یہ پودا دنیا بھر میں کاشت اور استعمال ہونے لگا۔ طبی کتب سے معلوم ہوتا ہے کہ قدیم یونانی اطباء ـ کلونجی سے بیج معدہ اور پیٹ کے امراض مثلاً پیٹ میں ریاح گیس کا ہونا، آنتوں کا درد، کثرت ایام، استقاء، نسیان (یادداشت میں کمی) رعشہ، دماغی کمزوری، فالج اور افزائش دودھ کے لیے استعمال کراتے رہے ہیں۔ رسول اللہ ﷺ کے حوالے سے کتب سیرت میں ملتا ہے کہ آپ ﷺ شہد کے شربت کے ساتھ کلونجی کا استعمال فرماتے تھے۔

حضرت سالم بن عبداللہ (رض) اپنے والد عبداللہ بن عمر (رض) سے روایت کرتے ہیں کہ رسول اللہ ﷺ نے فرمایا تم ان کالے دانوں کو اپنے اوپر لازم کرلو ان میں موت کے سوا ہر مرض کا علاج ہے۔

کلونجی کی یہ اہم خاصیت ہے کہ یہ گرم اور سرد دونوں طرح کے امراض میں مفید ہے۔ جبکہ اسکا اپنا مزاج گرم ہے اور سردی سے ہونے والے تمام امراض میں مفید ہے۔ کلونجی نظام ہضم کی اصلاح کے لیے اکسیر کا درجہ رکھتی ہے، ریاح گیس اور قبض میں بہت فائدہ ہوتا ہے۔ وہ لوگ جن کو کھانے کے بعد پیٹ میں بھاری پن گیس ریاح بھر جانے اور اپھارہ کی شکایت محسوس ہوتی ہو ایسے حضرات کلونجی کا سفوف تین گرام کھانے کے بعد استعمال کریں تو نہ صرف یہ شکایت جاتی رہے گی بلکہ معدہ کی اصلاح بھی ہوگی۔ کلونجی کو سرکہ کے ساتھ ملا کر کھانے سے پیٹ کے کیڑے مر جاتے ہیں۔ سردیوں کے موسم میں جب تھوڑی سی سردی لگنے سے زکام ہونے لگتا ہے تو ایسی صورت میں کلونجی کو بھون کر باریک پیس لیں اور کپڑے میں باندھ کر پوٹلی بنا کر بار بار سونگھنے سے زکام دور ہو جاتا ہے۔ اگر چھینکیں آرہی ہوں تو کلونجی بھون کر باریک پیس کر روغنِ زیتون میں ملا کر اس کے تین چار قطرے ناک میں ٹپکانے سے چھینکیں جاتی رہتی ہیں۔ کلونجی مدر بول

(پیشاب آور) بھی ہے اس کا جوشاندہ شہد ملا کر پینے سے گردہ و مثانہ کی پتھری بھی خارج ہو جاتی ہے۔ اگر دانتوں میں ٹھنڈا پانی لگنے کی شکایت ہو تو کلونجی کو سرکہ میں ملا کر کلیاں کرانے سے فائدہ ہوتا ہے۔ چہرے کی رنگت میں نکھار پیدا کرنے کے لیے باریک پیس کر گھی میں ملا کر چہرے پر لیپ کرنے سے فائدہ ہوتا ہے۔ آج کل نوجوان لڑکے لڑکیوں میں کیل دانوں اور مہاسوں کی شکایت عام ہے اور مختلف بازاری کریمیں استعمال کر کے چہرے کی جلد کو خراب کر لیتے ہیں۔ ایسے نوجوان کلونجی باریک پیس کر سرکہ میں ملا کر سونے سے قبل چہرے پر لیپ کرلیا کریں اور صبح اٹھ کر چہرہ دھولیا کریں۔ چند دنوں میں ہی اچھے اثرات سامنے آئیں گے۔ اس طرح لیپ کرنے سے نہ صرف چہرہ کی رنگت صاف اور مہاسے ختم ہونگے بلکہ جلد میں نکھار بھی آئے

گا۔جلدی امراض میں کلونجی کا استعمال عام ہے۔جلد پر زخم ہونے کی صورت میں کلونجی کو توے پر بھون کر روغن مہندی میں ملا کر لگانے سے نہ صرف زخم مندمل ہو جائیں گے بلکہ نشان بھی جاتے رہیں گے۔ جو خواتین ایام رضاعت میں ہوں اور چھوٹے بچوں کو اپنا دودھ پلا رہی ہوں اور ان کو دودھ کم آنے کی شکایت ہو جس سے ان کا بچہ بھوکا رہ جاتا ہوں تو ایسی خواتین کلونجی کو چھ دانے صبح نہار منہ و رات سونے سے قبل دودھ کے ساتھ استعمال کرلیا کریں تو ان کے دودھ کی مقدار میں اضافہ ہو جائے گا البتہ حاملہ خواتین کو کلونجی کا استعمال نہیں کرنا چاہیے۔جن خواتین کو ماہانہ ایام کم آتے ہوں یا درد کے ساتھ آتے ہوں، پیشاب کم یا تکلیف کے ساتھ آتا ہو، وہ کلونجی کا سفوف تین گرام روزانہ استعمال کرلیا کریں ماہانہ ایام کا نظام درست ہو جائے گا۔

تناؤ کا شکار لوگ کلونجی کے چند دانے روزانہ شہد کے ساتھ استعمال کرلیا کریں۔ چند دنوں میں بہتر محسوس کریں گے۔ پیٹ اور معدہ کے امراض، پھیپھڑوں کی تکالیف اور خصوصًا دمہ کے مرض میں کلونجی بہت فائدہ مند ثابت ہوئی ہے۔کلونجی کا سفوف نصف سے ایک گرام تک صبح نہار منہ اور رات کو سونے سے قبل شہد کے ساتھ استعمال کرلیا جائے تو بہت مفید ہے۔ بعض اوقات کلونجی اور قسط شیری برابر وزن کا سفوف بنا کر صبح نہار منہ و رات سونے سے قبل استعمال کروایا جاتا ہے۔ یہ نسخہ پرانی پیچش اور جنسی امراض میں بھی مفید ہے۔جن لوگوں کو ہچکیاں آتی ہوں وہ کلونجی کا سفوف تین گرام مکھن ایک چمچ میں ملا کر کر استعمال کریں تو فائدہ ہوتا ہے۔

کلونجی سے نکلنے والا تیل دو قسم کا ہوتا ہے ایک سیاہ رنگ میں خوشبودار جو ہوا میں اٹھنے سے اڑنے لگتا ہے اور دوسری قسم انڑوی کے تیل جیسا جس کے دوائی اثرات بہت زیادہ ہوتے ہیں، یہ تیل بیرونی طور پر استعمال کیا جاتا ہے اور بہت سے جلدی امراض میں مفید ہے۔ یہ تیل بال خورہ کی شکایت میں بہت فائدہ دیتا ہے۔ بالخورہ میں بال اڑ جاتے ہیں اور دائرے کی صورت میں نشان بن جاتا ہے پھر دائرہ دن بدن بڑھتا ہے اور عجیب سی ناخوشگواری کا احساس ہوتا ہے۔ یہ تیل سر

کے گنج کو دور کرنے اور بال اگانے میں بھی مفید ہے۔مزید یہ کہ اس تیل کے استعمال سے بال جلد سفید نہیں ہوتے اور اس تیل کو مختلف طریقوں سے داد، اگزیما میں بھی استعمال کیا جاتا ہے۔اگر جسم کو کوئی حصہ بے حس ہوجائے تو یہ تیل مفید ہے۔کان کے ورم اور نسیان میں بھی یہ تیل مفید ہے۔ ماہرین طب وسائنس کلونجی پر تحقیقی کام کررہے ہیں جنھوں نے اسے مختلف امراض میں مفید پاتا اور مزید تحقیق کا عمل جاری ہے۔۔کلونجی کے استعمال سے لبلبہ (پانقراس) کے افرازات (لبلبہ سے خصوصی رطوبت) بڑھ جاتی ہے۔جس سے مرض ذیابیطس میں فائدہ ہوتا ہے۔ ذیابیطس کے مریض کلونجی کے سات دانے روزانہ صبح نگل لیا کریں۔۔کلونجی کو مختلف طریقوں سے زہر کے علاج کے لیے بھی استعمال کیا جاتا ہے۔ پاگل کتے کے کاٹنے یا بھڑ کے کاٹنے کے بعد کلونجی کا استعمال مفید ہے۔کلونجی میں ورموں کو تحلیل کرنے اور گلٹیوں کو گھلانے کی بھی صفت ہے۔ برص بڑا اہٹیلا مرض ہے۔اس کے سفید داغ جسم کو بدصورت بنا دیتے ہیں۔اگر برص کے مریض کلونجی اور ہالوں برابر برابر وزن لے کر توے پر بھون کر تھوڑا سرکہ ملا کر مرہم بنا کر مسلسل تین چار ماہ برص کے نشانوں پر لگاتے رہیں اور کلونجی اور ہالون کا باریک سفوف شہد کے ساتھ روزانہ نہار منہ استعمال کیا کریں تو جلد فائدہ ہوگا۔کلونجی کی دھونی سے گھر میں پائے جانے والے کیڑے مکوڑے ہلاک ہوجاتے ہیں۔اسی خصوصیت کے سبب کلونجی کو گھروں میں قیمتی کپڑوں میں رکھا جاتا ہے۔حضور نبی کریم صلی اللہ علیہ وسلم نے آج سے چودہ سو سال قبل جو ارشادات فرمائے طب وسائنس آج اس کی تصدیق کررہے ہیں۔قربان جایئے قدرت کاملہ پر جس نے حضرت انسان کے لیے کیا کیا نعمتیں پیدا فرمائیں اور رسول اللہ صلی اللہ علیہ وسلم نے چودہ سو سال قبل حکمت کے خوب صوت پیرائے میں انسان کو آگاہ کیا اور طب وسائنس نے چودہ صدیاں گزرنے کے بعد وہ نتائج حاصل کئے ہیں۔

حجامہ (CUPPING) سنت طریقہ علاج

انسان اگر احکام الٰہی اور سنت نبوی ﷺ کے مطابق زندگی نہ گذارے تو جسمانی طور پر اور روحانی طور پر بیمار ہو جاتا ہے۔ کیونکہ اس جسم انسانی کو اللہ نے بنایا اور اس کو بہتر طریقے سے استعمال کرنے کے طریقے بھی اللہ نے ہی بتائے۔ بیماری اللہ کی طرف سے آتی ہے۔ اور بیماری سے شفا بھی اللہ ہی دیتا ہے۔ حکیم، معالج یا ڈاکٹر سبب کے طور پر علاج کرتے ہیں اور دوا دیتے ہیں۔ اور انسانوں کے سب سے بڑے اور شافع حکیم ہمارے رہبر اور ہادی برحق پیغمبر اسلام حضرت محمد مصطفیٰ ﷺ ہیں جنہوں نے انسانی زندگی کے ہر پہلو سے ہمیں آگاہ کیا ہے۔ چنانچہ بیماریوں سے شفا کے لئے آپ کے ارشادات پر مبنی طب نبوی ﷺ ہے۔ اور اس سلسلے کی ایک کڑی حجامہ علاج ہے۔ جسے پچھنا لگانا کہتے ہیں۔ یہ ایک بہترین علاج بھی ہے اور سنت رسول ﷺ بھی ہے۔ اس علاج کی تفصیلات اور احادیث نبوی ﷺ سے اس کی تاکید ذیل میں بیان کی جارہی ہے۔

حجامہ یعنی پچھنے لگانا حضور اکرم ﷺ کی سنت سے ثابت ہے۔ اور ایک بہترین علاج ہے۔ رسول اللہ ﷺ نے خود پچھنے لگائے اور دوسروں کو ترغیب دی۔ الحجامہ یعنی پچھنے لگانا ایک قدیم طریقہ علاج ہے۔ جو بہت مفید ہے۔ یہ گرم اور سرد دونوں علاقوں میں مفید ہے۔ چین والوں نے اس علاج کی اہمیت جانی اور یہ اس ملک کا قومی علاج ہے۔ اور سارے ملک میں یہ علاج مقبول ہے۔ یہ عرب ملکوں کے علاوہ جنوب مشرقی ایشیائی ممالک میں بے حد مقبول ہے۔ حجامہ کی افادیت ہزاروں سال کی طب کی تاریخ سے واضح ہے۔ اس علاج کو دنیا کے بیشتر ممالک میں یکساں موزونیت اور افادیت کے ساتھ استعمال کیا جا رہا ہے۔ حجامہ امریکہ، یورپ، آسٹریلیا، جرمنی اور جنوبی افریقہ میں بھی مقبول ہے۔ اور ہندوستان میں اس طریقہ علاج

کو مقبولیت حاصل ہو رہی ہے۔ خلیجی ممالک میں رہ کر آنے والے خاص طور سے مقامات مقدسہ مکہ اور مدینہ میں لوگ وہاں اس علاج کی مقبولیت اور افادیت دیکھ کر ہندوستان میں اپنے رشتے داروں سے کہہ رہے ہیں کہ وہ بھی حجامہ کراتے رہیں۔ کیونکہ یہ علاج سنت نبوی ﷺ سے ثابت ہے۔ اور جو علاج سنت رسول ﷺ سے ثابت ہے اس کی افادیت میں ایک مومن مسلمان کو کوئی شک ہی نہیں رہتا۔ جسم کی 70% بیماریاں خون کی سربراہی میں رکاوٹ یا عدم سربراہی کی وجہ سے ہوتی ہیں۔ الحجامہ یا پچھنا لگانے سے جسم کا دوران خون Blood Circulation بہتر ہوتا ہے۔ اور اس علاج کے بعد ایسے اعضائے جسم تک بھی خون کی سربراہی ہونے لگتی ہے جہاں خون کی کمی سے مہلک امراض پیدا ہوتے ہیں۔

حجامہ کے بارے میں احادیث۔ حضرت ابن عباسؓ سے روایت ہے کہ حضور اکرم ﷺ نے ارشاد فرمایا ''شفا تین چیزوں میں ہے۔ پچھنا لگوانے' شہد پینے اور آگ سے داغنے میں' اور میں اپنی امت کو آگ سے داغنے سے منع کرتا ہوں۔ (بخاری) حضرت ابن عباسؓ سے مروی ہے کہ آپ ﷺ نے ایک مرتبہ پچھنا لگوایا۔ اس حال میں کہ آپ ﷺ روزہ میں تھے (بخاری) حضرت ابن عباسؓ سے مروی ہے کہ آپ ﷺ نے حالت احرام میں پچھنا لگوایا (بخاری) آپ ﷺ نے ارشاد فرمایا کہ پچھنے سے علاج کرنے والا کیا ہی اچھا آدمی ہے کہ فاسد خون نکال دیتا ہے اور پشت کو ہلکا کر دیتا ہے۔ اور نظر کو تیز کر دیتا ہے''۔ ابن عباسؓ کا ارشاد ہے کہ معراج کی رات آپ ﷺ کا گذر فرشتوں کی جس جماعت پر بھی ہوا انہوں نے آپ ﷺ سے کہا کہ آپ پچھنے کو لازم پکڑ لیں۔ ایک اور حدیث میں آپ ﷺ کے ارشاد کا مفہوم ہے کہ آپ ﷺ سر مبارک پر اور دونوں کندھوں کے درمیان پچھنا لگایا کرتے تھے اور فرمایا جس شخص نے پچھنے کے ذریعے اپنا گندا خون نکلوا دیا تو اب اسے کوئی خدشہ نہیں اس بات سے کہ وہ کوئی بیماری کا علاج کرائے۔ حضرت ابو حریرہؓ حضور ﷺ کا ارشاد نقل کرتے ہیں جس کا مفہوم ہے کہ جو

چاند کی 17 تاریخ کو پچھنے لگوائے تو یہ پچھنے لگوانا ہر بیماری کے لئے شفا ہے۔قمری مہینے کی 21-19-17 تاریخ کو پچھنا لگانے کی روایت ہے۔ حضرت عبداللہ بن عباسؓ روایت کرتے ہیں کہ رسول اللہ ﷺ نے فرمایا جس کا مفہوم ہے کہ ''بہترین دن جن میں تم پچھنا لگاتے ہو وہ قمری مہینے کی سترھویں، انیسویں اور اکیسویں تاریخ کے دن ہیں۔

حجامہ سے کن امراض میں شفا ہے: الحجامہ یا پچھنا لگانے سے روزمرہ کے کئی امراض سے شفا ہے۔ خاص طور سے دردسر، ٹینشن کی وجہ سے ہونے والا درد، کندھوں کا درد، گردوں کا درد، بلڈ پریشر، کمر کا درد، عرق النساء، ایڑھی کا درد، گھٹنوں کا درد، گردن کا درد، آدھے سر کا درد، فالج، رعشہ، بے خوابی، کیل مہاسے، یرقان، بدہضمی، گردے کی پتھری، نامردی، بانجھ پن، سفید کپڑا، فیل پا، ذیابطیس، موٹاپا، مایوسی، دمہ، الرجی اور ہر قسم کے درد میں اس سے شفا ہے۔

حجامہ کے عام فوائد: حجامہ کا علاج خون صاف کرتا ہے۔حرام مغز کو فعال بناتا ہے۔شریانوں پر اچھا اثر ڈالتا ہے۔رگ پٹھوں کے اکڑاؤ کو ختم کرتا ہے۔ دمہ اور پھیپھڑوں کے امراض اور امراض قلب انجائنا میں مفید ہے۔ سر درد، دانتوں کے درد میں مفید ہے۔آنکھوں کی بیماریوں میں اس سے شفا ہے۔عورتوں کی ماہواری کو با قاعدہ بناتا ہے۔دل کے ضعف کو دور کرتا ہے۔ زیادہ سونے اور سستی کو دور کرتا ہے۔مواد بھرے زخموں کے لئے مفید ہے۔جس جگہ درد ہو وہاں حجامہ کرانے سے آرام ملتا ہے۔صحت یاب لوگ بھی دو تین مہینے میں ایک مرتبہ حجامہ کرا سکتے ہیں۔ کیونکہ یہ علاج حدیث سے ثابت ہے۔اوراس سے بیماریوں سے بچاؤ ہوتا ہے۔علاج کا کرنا طبیب کے ہاتھ میں ہوتا ہے اور شفاء اللہ کے ہاتھ میں ہے۔اس لئے مریض اور طبیب دونوں اس علاج کو اللہ کی ذات پر کامل یقین اور سنت نبوی ﷺ سمجھ کر اختیار کریں گے تو اللہ کی ذات سے قوی امید ہے کہ حجامہ سے کئی امراض سے ضرور مریضوں کو شفا ملے گی۔

حجامہ کا طریقہ کار: حجامہ کا علاج ماہرین کی نگرانی میں ہوتا ہے۔ یہ بھی ایک قسم کا طبی جراحی والا کام ہے۔ اس لئے اسے ہر کوئی نہیں انجام دیتا بلکہ ڈاکٹری پیشہ سے واقفیت رکھنے والے اور نرسنگ کے ماہرین ہی انجام دیتے ہیں۔ ایسا حجامہ جس میں خون نکلتا ہوں۔ اس کے لئے صاف ستھرے اسٹرلائز کئے ہوئے ساز وسامان استعمال کئے جاتے ہیں اور ہر قسم کے انفکشن سے بچنے کے لئے حجامہ کے عمل کو آپریشن تھیٹر میں انجام دیا جاتا ہے۔ ویسے مخصوص حجامہ کرنے والے اسے کھلی فضاء میں بھی انجام دیتے ہیں۔ لیکن آج کل جس طرح صحت کے معاملے میں احتیاط برتی جارہی ہے اس کے لئے یہ عمل تھیٹر میں ہی انجام ہوتو بہتر ہے۔ قدیم طریقہ حجامہ میں کانچ کے گلاس استعمال ہوتے تھے۔ اور آگ استعمال کی جاتی تھی۔ آج کل حجامہ کے لئے پلاسٹک کے اسٹرلائز کئے ہوئے صاف کپ مختلف سائز کے چین سے منگائے جارہے ہیں۔ اور انہیں جسم پر بٹھانے کے لئے مخصوص خلائی دباؤ کی گن استعمال کی جارہی ہے۔ جہاں تک قدیم طریقہ حجامہ کا معاملہ ہے۔ اس میں جن مقامات پر حجامہ کرنا ہو اتنی تعداد میں کانچ کے صاف غیر مستعملہ نئے گلاس منگائے جاتے ہیں۔ ایک عدد میڈیکل بلیڈ اور اسپرٹ روئی اور ہاتھ میں پہننے کے دستانے حجامہ کے سامان میں شامل ہیں۔ حجامہ کا عمل صبح سویرے جب کے مریض کا معدہ خالی ہو کرنا بہتر ہے۔ ویسے کھانے کے چھ گھنٹے بعد یا مشروبات پینے کے ڈیڑھ گھنے بعد بھی حجامہ کیا جاسکتا ہے۔ حدیث میں بیان کردہ تاریخوں میں حجامہ کیا جائے تو زیادہ بہتر ہوگا۔ جس جگہ حجامہ کا عمل کرنا ہوتا ہے اس جگہ کو روئی اور اسپرٹ سے اچھی طرح صاف کیا جاتا ہے۔ اور ایک گلاس میں ٹشو پیپر جلا کر جسم کے اس حصے پر زور سے لگا دیا جاتا ہے۔ گلاس میں جلتا ہوا کاغذ آکسیجن کی تلاش میں جلد کی طرف دباؤ پیدا کرتا ہے۔ اور باہر سے آکسیجن نہ آنے کے سبب وہ جلد سے لگے حصے کو اندر کی جانب کھینچنا شروع کر دیتا ہے۔ آکسیجن کی عدم موجودگی سے گلاس میں خلا پیدا ہونا شروع ہو جاتا ہے۔ اور اس کے جگہ جسم کا حصہ کھنچ کر ابھرنے لگتا ہے۔ اور جسم کے اس حصے سے فاسد خون گلاس

کے دائرے کی شکل میں جلد کے نیچے جمع ہونے لگتا ہے۔ پانچ منٹ کے وقفے کے بعد جب گلاس کو جسم سے الگ کیا جاتا ہے تو دائرے کی شکل میں جلد سرخ وسیاہی مائل ہوجاتی ہے۔اب صاف میڈیکل بلیڈ سے اس حصے پر خراشیں لگائی جاتی ہیں۔اس میں یہ احتیاط کی جاتی ہے کہ زیادہ گہرائی تک یا رگوں یا نسوں کو نہیں کاٹا جاتا بلکہ جلد کی اوپر سطح پر ہلکی خراشیں لگائی جاتی ہیں۔تاکہ اس حصے میں جمع فاسد خون باہر نکلنے لگے۔دوسری مرتبہ فوری گلاس میں آگ لگا کر دوبارہ خراشوں کی جگہ پر گلاس لگا دیا جاتا ہے۔اب کی بار خراشوں کی جگہ سے سیاہ گاڑھا فاسد خون نکلنے لگتا ہے۔ یہی وہ بے کار اور فاسد خون ہے جو جسم میں رکاوٹ پیدا کرکے درد پیدا کر رہا تھا اور مختلف امراض کا باعث بن رہا تھا۔ پانچ منٹ بعد احتیاط سے گلاس کو الگ کیا جاتا ہے۔محفوظ طریقے سے گلاس کو ضائع کر دیا جاتا ہے۔اسپرٹ اور روئی سے خراشوں کو صاف کر دیا جاتا ہے۔اور چونکہ انسانی جسم میں زخم کو مندمل کرنے کی صلاحیت ہوتی ہے۔اس لئے خون کا رساؤ رک جاتا ہے۔حجامہ ایک وقت میں دو۔تین یا اس سے ذائد مقامات پر کیا جاتا ہے۔اب چین سے منگائے جانے والے پلاسٹک کے مختلف کپ استعمال ہونے لگے ہیں۔اور آگ جلانے کی بھی ضرورت نہیں رہی ہے۔کپ کو متعلقہ مقام پر رکھ کر کپ پر لگے ناب پر خلائی گن لگا کر کپ کے اندر کی آکسیجن کھینچ لی جاتی ہے۔اور کپ پر لگے ربر کے واشر سے باہر کی ہوا کپ کے اندر نہیں جاتی اور کپ جسم پر مضبوط بیٹھ جاتا ہے۔اور خون جمع کرنے کا خلا اور دباؤ پیدا ہوجاتا ہے۔اور دوسری مرتبہ میں خراشیں لگا کر خون باہر نکال لیا جاتا ہے۔حجامہ کے بعد مریض کو غسل کر لینا چاہئے تاکہ جراثیم سے حفاظت ہو۔حجامہ کی ایک قسم حجامہ مساج بھی ہے۔جس میں خون نہیں نکالا جاتا بلکہ جسم کے درد والے حصے پر تیل لگا کر حجامہ کا کپ بٹھایا جاتا ہے اور خلا پیدا کرکے کپ کو آہستہ آہستہ جسم پر حرکت دی جاتی ہے۔جس سے جلد کا حصہ ابھر کر آگے بڑھتا ہے۔اور مساج سے جسم کا دوران خون صحیح ہوتا ہے۔عمومی صحت کے لئے تین مہینے میں ایک مرتبہ حجامہ کا عمل کرا سکتے ہیں۔

دودھ ایک مکمل صحت بخش غذا

قدرت نے کرہ ارض پر جتنے بھی نباتات وحیوانات جانداروں کی شکل میں پیدا کیے ان کی پیدائش کے ساتھ ساتھ ان کی غذائی ضروریات کی تکمیل کے سامان بھی پیدا فرما دیئے۔ حیوانات کی غذائی عادتیں جدا جدا ہیں۔ایسے حیوانات جو دودھ پلانے کی صلاحیت رکھتے ہیں۔ انہیں سائنسی اصطلاع میں Mamal کہا جاتا ہے۔دودھ آسانی سے ہضم ہونے والی ایک مکمل غذا ہے۔انسان کے بشمول دودھ پلانے والے دیگر حیوانات کے بچے پیدائش کے بعد مخصوص عرصے تک چونکہ سخت اور ثقیل غذائیں ہضم نہیں کر سکتے۔ لہذا قدرت نے دودھ میں ایسی صلاحیت رکھی ہے کہ وہ بچے کے لئے درکار تمام غذائی ضروریات کی تکمیل کر سکے۔تمام اطباء اس بات پر متفق ہیں کہ ماں کا دودھ ہی بچے کے لئے سب سے بہتر غذا ہے۔اس طرح دیکھا جائے تو دودھ ایک نعمت غیر مترقبہ ہے۔انسان جس وقت اس عالم میں قدم رکھتا ہے تو سب سے پہلے جس غذا کو استعمال کرتا ہے۔ وہ ماں کا دودھ ہے۔خالق کائنات نے انسان کو جس قدر نعمتیں عطاء کی ہیں ان میں دودھ کو ایک نمایاں مقام حاصل ہے۔زمانہ قدیم سے ہی دودھ کو ایک مکمل غذا سمجھا جاتا رہا ہے۔دودھ بذات خود انسانوں کی پسندیدہ غذا رہا ہے۔ بلکہ دودھ سے بنی اشیاء گھی، مکھن، پنیر، دہی، لسی اور دودھ سے بنی انواع واقسام کی مٹھائیاں انسانی غذا کا جزو لانیفک بنی ہوئی ہیں۔مختلف زبانوں میں دودھ کے مختلف نام ہیں اردو، ہندی، پنجابی میں اسے دودھ کہتے ہیں۔عربی میں لبن فارسی میں شیر، انگریزی میں Milk، لاطینی زبان میں Lectus کہتے ہیں جیسا کہ ہم جانتے ہیں دودھ مائع حالت میں ہوتا ہے۔اس کا رنگ سفید ہوتا ہے اور مختلف جانوروں کے دودھ کے

مزے اور بو میں ہلکا سا فرق پایا جاتا ہے۔ دودھ کی ماہیت کے بارے میں اطباء میں اختلاف پایا جاتا ہے۔ بعض اسے خون قرار دیتے ہیں اور بعض اسے غذا کا رس قرار دیتے ہیں ایک یوم میں جس مقدار میں جانوروں میں دودھ تیار ہوتا ہے اسے دیکھ کر ہم کہہ سکتے ہیں کہ اتنی مقدار میں جانوروں میں خون تیار نہیں ہوسکتا۔ لہذا دودھ خون نہیں بلکہ مخصوص غذائی مادہ ہے۔ دودھ معتدل قبض کشا اور قدرے دست آور ہوتا ہے۔ جوانی کو تادیر قائم رکھتا ہے۔ اکثر قسم کے بخار' دل کے امراض' یرقان اور پیاس کی شدت کے لئے انتہائی مفید غذا ہے۔ ہر عمر کے انسان کے علاوہ دیگر جانداروں کے لئے بھی دودھ آب حیات کی مانند ہے۔ اس سے اعصابی کمزوری دور ہوتی ہے اور دماغ کو تقویت ملتی ہے۔ طالب علموں' اساتذہ' علماء' وکلاء' ادیبوں اور صحافیوں کے لئے دودھ میں وہ تمام اجزاء موجود ہیں جو انسان کی پرورش اور نگہداشت کے لئے ضروری ہیں یہ جسم کے پٹھوں اور دوسرے اعضاء کی پرورش کے لئے پروٹین فراہم کرتا ہے اور دانتوں اور ہڈیوں کی تعمیر کے لئے چونا یعنی کیلشیم فراہم کرتا ہے۔ اس میں 15 فی صد پروٹین 8 فی صد فاسفورس اور 6 فی صد فولاد ہوتا ہے۔ بڑھتے بچوں کو مناسب مقدار میں دودھ نہ دیا جائے تو وہ کمزور ہو جاتے ہیں اور ان کی آنکھوں میں خرابی پیدا ہو جاتی ہے۔

زمانہ قدیم سے ہی دودھ انسان کی مرغوب غذا رہا ہے۔ دنیا کے بیشتر مذاہب نے بھی دودھ کی اہمیت وافادیت بیان کی ہے دودھ کی وجہ سے ہندو گائے کو ماتا کا درجہ دیتے ہیں' اسلام نے بھی دودھ کی اہمیت کو واضح کیا ہے۔ اور اسے بہترین غذا قرار دیا ہے۔ حضور اکرم ﷺ جب کبھی دودھ نوش فرماتے تو یہ دعا کرتے ''اللھم بارک لنا فیہ وزدنا منہ'' (اے اللہ اس میں برکت ڈال اور ہمیں زیادہ دے) یہاں ایک نکتہ قابل غور ہے کہ کھانے سے قبل جتنی بھی مسنون دعائیں آتی ہیں ان میں اس سے بہتر غذا عطا فرما کی دعا ہے لیکن جہاں تک دودھ کا معاملہ ہے تو چونکہ

دودھ سے بہتر کوئی غذا نہیں اس لئے دودھ پینے کی دعا میں مزید بہتر غذا کی تلقین نہیں کی گئی۔ قرآن شریف میں اللہ تعالیٰ نے اپنے پسندیدہ بندوں کو جنت کی بشارت دی ہے اور احادیث میں آتا ہے کہ جنت میں دودھ اور شہد کی نہریں ہوں گی حضرت عبداللہ ابن عباسؓ روایت کرتے ہیں کہ رسوال اللہ ﷺ کو پینے کی چیزوں میں سے دودھ بہت مرغوب تھا۔ انسان عموماً گائے ، بھینس اور بکری کا دودھ استعمال کرتا ہے۔ انسان کی دودھ کے لئے بڑھتی ہوئی ضرورت کے پیش نظر صنعتی پیمانے پر دودھ پیدا کیا جارہا ہے۔ ڈیری کا کاروبار ایک منفعت بخش کاروبار بنتا جارہا ہے۔ شمالی ہند خصوصاً پنجاب سے بھینسیں لائی جاتی ہیں اور انہیں دودھ آور غذائیں کھلا کر اور مخصوص قسم کے انجکشن لگا کر زیادہ سے زیاد دودھ حاصل کیا جاتا ہے۔ دودھ اور اس سے متعلقہ اشیاء کی پیداوار کے لئے گجرات کا آنند شہر ہندوستان میں کافی شہرت رکھتا ہے۔ ٹکنالوجی کی ترقی کے ساتھ دودھ کو زیادہ عرصے تک محفوظ رکھنے کے نئے نئے طریقے ایجاد ہوئے۔ پاوڈر کی شکل میں بھی آج دودھ دستیاب ہے۔ چھوٹے بچوں کے لئے بازار میں مختلف اقسام کے دودھ کے ڈبے ملتے ہیں لیکن ہر ڈبے پر یہ ہدایت واضح طور پر لکھی ہوتی ہے کہ ''ماں کا دودھ بچے کے لئے بہتر ہے''۔

جہاں عمدہ دودھ حفظان صحت کی پابندی کرتے ہوئے استعمال کرنا آب حیات مانا گیا ہے وہیں خراب دودھ صحت کے لئے کافی نقصان دہ ثابت ہوتا ہے۔ دودھ میں یہ خاصیت ہے کہ وہ بہت جلد اپنے اطراف کی مضر چیزوں کے اثر کو قبول کر لیتا ہے۔ چنانچہ کچے دودھ کے برتن کو مریض کے کمرے میں رکھ دیا جائے تو اطبائے جدید کے نزدیک مرض کے جراثیم بہت تیزی سے دودھ میں نشونما پاتے ہیں۔ ماہرین کے بموجب کچے دودھ میں لاکھ احتیاط کے باوجود بیکٹریا کی بھاری مقدار شامل ہوجاتی ہے۔ لہذا بغیر گرم کئے کچا دودھ پینا صحت کے لئے مضر ثابت ہوسکتا ہے۔ اسی طرح دودھ کو بار بار گرم کرنے سے بھی اس میں موجود وٹامن ضائع ہوجاتے ہیں۔ دودھ کو جوش دینے کا صحیح طریقہ یہ ہے کہ تیز آگ پر اسے چار پانچ منٹ گرم کر کر کھولنے دیں

اس کے بعد ٹھنڈا کر کے استعمال کریں ۔ دودھ کے گاڑھے پن کو ناپنے کے لئے Lectometre نامی آلہ دریافت ہوا ہے۔ خالص دودھ کی پہچان یہ ہے کہ خالص دودھ کی بہ نسبت ملاوٹ والا دودھ بہت جلد خراب ہو جاتا ہے۔ ہاتھ کو دھو کر ایک انگلی دودھ میں ڈبوئیں اگر انگلی کو دودھ لگا رہے تو یہ خالص ہے ورنہ دودھ میں پانی ملا ہوا ہے۔ دودھ کی اسی ملاوٹ سے اردو زبان میں بھی ایک محاورہ دودھ کا دودھ پانی کا پانی مشہور ہے اس کے علاوہ دودھ کا دھلا' دودھو نہاؤ وغیرہ محاورے مشہور ہیں۔ جہاں تک بچوں کو ماں کے دودھ پلانے کا سوال ہے تو یہ بات ثابت ہو چکی ہے کہ ماں کے دودھ سے ہی بچے کی مناسب پرورش ہوتی ہے اور دودھ کے ذریعہ ماں کے اثرات بچوں میں منتقل ہوتے ہیں۔ عرب میں چونکہ دایاؤں کے ذریعہ بچوں کو دودھ پلا کر پرورش کرنے کا نظام تھا چنانچہ حضور اکرم ﷺ کا ارشاد ہے کہ احمق اور فاحشہ عورتوں سے دودھ نہ پلواؤ کیونکہ دودھ کا اثر بچہ کے جسم اور اخلاق پر پڑتا ہے۔ اسلام نے بچے کو دودھ پلانے کی عمومی مدت دو سال رکھی ہے اور ڈھائی سال کے عرصے سے زیادہ دودھ پلانا حرام قرار دیا ہے۔ ماں کی صحت کا خیال کرتے ہوئے دو سال کے عرصے سے کم میں بھی بچے کا دودھ چھڑایا جا سکتا ہے۔ منجملہ ان تمام باتوں کے دودھ خدا کی ایک عظیم نعمت ہے۔ اس لئے اسے خدا کا نام لے کر پینا چاہئے اور پینے کے بعد خدا کا شکر ادا کرنا چاہئے اور دل میں یہ خیال ہو کہ جس طرح خدا نے دنیا میں ہمیں لذیذ دودھ عطا فرمایا اسی طرح جنت میں بھی عطا فرما۔

آج کے اس مصروفیت والے زمانے میں جب کہ انسان اپنی مصروفیات میں گم ہو کر رہ گیا ہے اور بعض لوگ ایسے بھی ہیں جنہیں اپنے مقررہ وقت پر کھانا کھانے کی فرصت بھی نہیں ملتی انہیں دودھ کا استعمال زیادہ کرنا چاہئے تا کہ جسم کو درکار کیلشیم اور توانائی اس سے حاصل ہو سکے۔ مائع ہونے کی وجہ سے دودھ بالغ افراد میں غذا کا نعم البدل تو نہیں کہلا سکتا لیکن کسی حد تک غذا کی کمی سے ہونے والے نقصانات کی پابجائی ضرور کر سکتا ہے۔

کمزور انسانوں کے لئے بھی دودھ کا استعمال بہت فائدہ مند ثابت ہوتا ہے۔ خاص طور پر بڑھتی عمر والے بچوں کے لئے بوڑھوں کے لئے دودھ کا بکثرت استعمال ان کی کمزوری دور کرنے میں معاون ثابت ہوتا ہے اور اس سے توانائی بھی حاصل ہوتی ہے۔

صحت کا خاص خیال رکھنے والے طبقات بھی دودھ کے زیادہ سے زیادہ استعمال پر خصوصی توجہ دیتے ہیں اور صبح کی اولین ساعتوں میں کثرت کرنے کے بعد دودھ کے استعمال کی تلقین کی جاتی ہے۔ اسی طرح عام طور پر یہ دیکھا گیا ہے کہ لوگ رات میں سونے سے کچھ دیر قبل لازمی طور پر مقررہ مقدار میں دودھ استعمال کرتے ہیں۔ ایسا کرنے سے صحت کی برقراری میں بہت بڑی حد تک مدد مل سکتی ہے اور ان کی نشو ونما بھی بہتر طریقہ پر ہوا کرتی ہے۔

نمک کی اہمیت

غذا کے معاملے میں بنیادی طور پر انسان کو ذائقہ دار چیزیں پسند ہیں۔ زبان ہر قسم کے ذائقے کو چکھنا چاہتی ہے۔ اور غذاؤں کو ذائقہ دار بنانے والی ایک بنیادی چیز نمک ہے۔ نمک چونکہ دنیا کے انسانوں کو کم خرچ پر اور باآسانی دستیاب ہو جاتا ہے۔ لہذا اس کی قدر نہیں کی جاتی لیکن نمک کی اہمیت کا اندازہ اس وقت بڑھ جاتا ہے جب بھولے سے کسی پکوان میں نمک نہیں پڑتا اور صرف نمک نہ ہونے کی وجہ سے پکائی ہوئی قیمتی شئے کا ذائقہ کم ہو جاتا ہے۔ بچوں کی ایک کہانی بھی مشہور ہے کہ ایک بادشاہ نے اپنی اولاد سے پوچھا کہ وہ مجھے کس چیز سے زیادہ عزیز سمجھتے ہیں تب بادشاہ کی ایک بیٹی نے جواب دیا کہ آپ مجھے نمک سے زیادہ عزیز ہیں۔ بادشاہ کو یہ بات مضحکہ خیز لگی۔ کہ اسے نمک جیسی حقیر شئے پر فوقیت دی گئی جب کہ اس کی دوسری اولادوں نے قیمتی اشیاء پر اسے فوقیت دی تھی۔ بادشاہ کی لڑکی نے مناسب موقع پر اس بات کو سمجھانے کا وعدہ کیا۔ ایک دفعہ پڑوسی ملک کا بادشاہ اس بادشاہ کا مہمان بنا۔ اتفاق سے پکوان کی ذمہ داری بادشاہ کی اسی لڑکی نے سنبھالی جس نے اپنے باپ کو نمک پر فوقیت دی تھی۔ لڑکی نے جان بوجھ کر سارے پکوان بغیر نمک کے پھیکے بنائے۔ پھیکے کھانوں کی دعوت سے بادشاہ کی سبکی ہوئی تب لڑکی نے سمجھایا کہ حقیر سمجھے جانے والے نمک کی کیا اہمیت ہے نمک قدرتی طور پر دنیا کے ہر علاقے میں پایا جاتا ہے۔ نمک کا بڑا ذخیرہ سمندر کے کھارے پانی سے حاصل کیا جاتا ہے۔ سمندروں کے ساحل پر وسیع حوض تعمیر کئے جاتے ہیں۔ جس میں سمندری پانی کو سکھا کر نمک حاصل کیا جاتا ہے۔ اس کے علاوہ نمک پہاڑوں اور چٹانوں کو کاٹ کر اور زمین کی سطح سے بھی

حاصل کیا جاتا ہے ۔ خالص نمک کوسوڈیم کلورائیڈ کہتے ہیں لیکن معدنی نمک میں بے شمار معدنیات جیسے سوڈیم سلفیٹ، کیلشیم کلورائیڈ وغیرہ شامل ہوتے ہیں۔نمک ایک ٹھوس اور ذائقہ دار شئے ہے ۔اس کا ذائقہ کھارا یا نمکین ہوتا ہے ۔ٹھوس نمک کو پیس کر اس کا سفوف بنایا جاتا ہے۔خالص نمک کی یہ نشانی ہے کہ وہ پانی جذب نہیں کرتا۔سمندروں یا چٹانوں سے حاصل ہونے والے نمک میں میگنیشیم کلورائیڈ شامل ہوتا ہے۔اس لئے اس میں نمی جذب ہوتی ہے۔صاف کئے ہوئے نمک کا رنگ انتہائی سفید ہوتا ہے جب کہ ہندوستانی نمک میں سرخ اور گلابی رنگ کا شائبہ ہوتا ہے۔انسانی اور حیوانی زندگی کے لئے نمک بے حد ضروری ہے۔

طبی لحاظ سے نمک کی اہمیت کا اندازہ اس بات سے لگایا جاسکتا ہے کہ انسان کو نمک کے استعمال سے روک دیا جائے تو وہ گھل گھل کر مر جائے گا۔اسی طرح اگر جانوروں کو نمک کے استعمال سے روکا جائے تو وہ بیمار ہو کر ہلاک ہو جاتے ہیں ۔ بہت سے جانور نمکین پودے کھا کر اپنے جسم کے لئے درکار نمک کی مقدار حاصل کرتے ہیں۔

انسانوں اور حیوانوں کے جسم میں طبعی طور پر نمک کی ایک خاص مقدار ہر وقت موجود رہتی ہے۔اگر اس میں کمی ہو جائے تو صحت خراب ہو جاتی ہے۔طبی تحقیق کے مطابق انسان کو یومیہ کم از کم 1/21 اونس نمک ضرور استعمال کرنا چاہئے ۔گرم اور شدید آب و ہوا والے علاقہ میں کم از کم یومیہ ایک اونس نمک استعمال کرنا چاہئے کیونکہ گرمی کے سبب پسینے کے ذریعہ تیزی سے انسانی جسم سے نمک خارج ہوتا رہتا ہے۔موسم گرما میں مشروبات میں ایک چمچ شکر کے ساتھ ایک چٹکی نمک لینا مناسب ہوگا یا گلوکوس کا پانی پابندی سے پینا چاہئے ۔نمک اور پانی کی کمی کا شکار ہو کر موسم گرما میں لو لگنے سے کئی لوگ بیمار پڑ جاتے ہیں اور ان میں سے چند موت کا شکار بن جاتے ہیں ۔ لہذا ایسے لوگوں کو فوری طبی امداد حاصل کرنے اور گلوکوس لگوانے کی فکر کرنا چاہئے ۔نمک کی زیادتی بھی انسان کے لئے نقصان دہ ثابت ہوتی ہے ۔اس سے خون کا دباؤ (Blood Pressure) بڑھ جاتا ہے اور

اختلاج قلب اور دل کے دوسرے عوارض پیدا ہو جاتے ہیں۔ لہذا عمر رسیدہ افراد کو نمک کے استعمال میں احتیاط برتنی چاہئے۔

دنیا کی تاریخ جتنی پرانی ہے نمک کے استعمال کی تاریخ بھی اتنی ہی قدیم ہے۔ قدیم پتھر کے زمانے میں جب انسان نے جانوروں کا شکار کرنا سیکھ لیا تھا تب وہ کچا گوشت ہی چبا کر کھا جاتا تھا۔ آگ کی ایجاد کے بعد اس نے گوشت کو بھون کر کھانا سیکھ لیا تھا۔ تب وہ کچا گوشت ہی چبا کر کھا جاتا تھا۔ آگ کی ایجاد کے بعد اس نے گوشت کو بھون کر کھانا سیکھا۔ نمک دریافت ہوا تو انسان نے گوشت کو نمک لگا کر کھانا سیکھا۔ یہیں سے اس کی غذا میں ذائقہ شامل ہونے لگا۔ تاریخ کے مطالعے سے معلوم ہوتا ہے کہ نمک کو سب سے پہلے چین والوں نے دریافت کیا۔ اس زمانے میں نمک کے حصول کا واحد ذریعہ سمندر تھے۔ قدیم یونانی لاطینی، سنسکرت کتابوں میں نمک کے استعمال کے واقعات ملتے ہیں۔ مصر کے لوگ اپنے مردوں کے جسموں کو نمک لگا کر محفوظ کیا کرتے تھے۔ فرعون مصر کی حنوط شدہ لاش آج بھی محفوظ ہے۔ اس کی حفاظت کے لئے استعمال کئے جانے والے مصالحوں میں اہم جز و نمک بھی ہے ہر زمانے میں مذہبی اعتبار سے بھی نمک کو اہمیت حاصل رہی ہے۔

2000ق م میں چین کے بادشا ''یو'' کے عہد میں نمک کو بڑا مقدس خیال کیا جاتا تھا۔ اور دیوتاؤں کے حضور پیش کی جانے والی قربانی کے گوشت کو نمک لگایا جاتا تھا۔ 1100ق م میں یونان میں تھیوگورس کے عہد میں نمک کو امن اور انصاف کے دیوتا کا مقام حاصل تھا۔ قدیم زمانے میں ہندو بھی نمک کو پوتر (پاک) چیز تصور کرتے تھے۔ عیسائی نمک کو وفاداری اور عقل مندی کا نشان تصور کرتے ہیں۔ یہودی نمک کو میثاق یا معاہدہ کے طور پر استعمال کرتے ہوئے آپس میں اس کا تبادلہ کرتے ہیں۔ اسلام میں بھی نمک کی فضیلت بیان کی گئی ہے۔ نمک سے روزہ کھولنے کو افضل بیان کیا گیا ہے۔ صاحب جامع کبیر نے حضرت علیؓ سے روایت نقل کی ہے کہ حضور اکرم

ﷺ نے ارشاد فرمایا کہ اے علیؓ کھانا نمک کے ساتھ شروع کرنا چاہئے اس میں ستر امراض سے شفا رکھی گئی ہے۔ جس میں جنون' جذام' پیٹ درد' دانت درد وغیرہ شامل ہیں۔ حضور ﷺ کھیرے کو نمک کے ساتھ تناول فرمایا کرتے تھے۔ نمک کے نام کے ساتھ ایفائے عہد' وفاداری وغیرہ کے محاورے اردو ادب میں ضرب المثل کا درجہ رکھتے ہیں۔ وفاداری نبھانے والے کو نمک حلال اور غداری کرنے والے کو نمک حرام کہتے ہیں۔ اس کے علاوہ نمک کھانا نمک کا حق ادا کرنا وغیرہ محاورے بھی مشہور ہیں۔ نمک غذا میں استعمال ہونے کے علاوہ دیگر اشیا کی تیاری میں بھی استعمال ہوتا ہے۔ اس سے ایش سوڈا' کاسٹک سوڈا' سالٹ کیک' صابن' گلیسرین' بارود' بلیچنگ پوڈر اور ہائیڈروکلورک ایسڈ بنتے ہیں۔ نمک جانوروں کی کھال سکھانے کھاد بنانے' مچھلی کو محفوظ کرنے کے کام بھی آتا ہے۔ آج کل طبی ماہرین بچوں اور حاملہ خواتین کو آیوڈین ملے نمک کے استعمال پر زور دے رہے ہیں تاکہ بچوں کو مختلف امراض سے بچایا جاسکے۔ مختلف زبانوں میں نمک کے مختلف نام ہیں۔ اسے اردو اور فارسی میں نمک' عربی میں ملح' ہندی اور تلگو میں نون' انگریزی میں سالٹ کہا جاتا ہے۔ نمک کا سائنسی نام سوڈیم کلورائیڈ (NaCl) ہے۔ غرض نمک خدا کی جانب سے انسانوں کو عطا کردہ ایک عظیم نعمت ہے۔ جس پر انسان کو اپنے خدا کا شکر گذار ہونا چاہئے اور نمک کی قدر کرنا چاہئے

لاشعاعیں -X-Rays

زمانہ قدیم میں حکماء اور اطباء نبض دیکھ کر لوگوں کے امراض کی تشخیص کرتے تھے۔ زمانے کی ترقی کے ساتھ ساتھ بیماریوں میں تنوع آتا گیا۔ نئی نئی بیماریاں وجود میں آئیں اور ان بیماریوں کی صحیح تشخیص کے لئے آلات اور مشینوں کا استعمال ہونے لگا۔ انسانی جسم کی ہڈیوں کی ساخت اور دیگر اندرونی کیفیات جاننے کے لئے جو اہم سائنسی دریافت ہوئی ہے وہ لاشعاعیں یا X-Ray ہیں۔ یہ شعاعیں چونکہ ٹھوس اشیاء میں سے نہیں گذر سکتی ہیں۔ اس لئے یہ جسم انسانی میں عضلات اور گوشت سے آسانی سے گذر کر ہڈیوں کا سایہ بناتی ہیں۔ ہڈیاں چونکہ ٹھوس ہوتی ہیں اس لئے یہ غیر مرئی شعاعیں ہڈیوں کا سایہ بناتی ہیں۔ چنانچہ ہاتھ پیر یا پسلی کی ہڈیوں کے ٹوٹنے یا ان میں ترخ پیدا ہو جانے کی صحیح جانچ کے لئے ڈاکٹر فوراً ایکسرے کی مدد لیتے ہیں۔ طب کے علاوہ یہ شعاعیں صنعت اور سائنسی تحقیقات میں بہت معاون ہیں۔

ایکسرے یعنی لاشعاؤں کو 1895ء میں رانجن (Reontgen) نامی سائنس دان نے پہلی مرتبہ دریافت کیا۔ اس سائنس دان کا مکمل نام ویلہلم کونارڈ رانجن تھا۔ ورزبرگ بواریا کی یونیورسٹی میں زائد از 25 برس تک اس نے ماہر طبعیات کی حیثیت سے خدمات انجام دیں۔ 5 نومبر 1895ء کو دوران تجربات اتفاقیہ طور پر اس نے چند ایسی غیر مرئی شعاؤں کو دریافت کرلیا تھا کہ ان کے خواص سے وہ خود بھی ناواقف تھا۔ چنانچہ اس نے اپنی دریافت کردہ پراسرار شعاؤں کا نام X-Rays رکھا۔

لاشعاؤں کی دریافت کے وقت پروفیسر رانجن منفی شعاؤں کے بارے میں تجربات کر رہا تھا یہ منفی شعاعیں اخراجی نلی میں ہوا کے کم دباؤ پر نلی میں برقی رو گذارنے سے پیدا ہوتی ہیں۔

منفی شعاؤں کے اخراج کے لئے استعمال کی جانے والی نلی کا نام کروکس، نلی تھا۔ جسے برطانوی سائنس دان سر ولیم کروکس نے دریافت کیا تھا۔ کروکس نلی کو لے کر ہی رانجن نے اپنے تجربات جاری رکھے کروکس نلی میں منفی برقیرہ ایک فلامنٹ یا تار کی شکل میں ہوتا ہے اور اسے برقی سے منسلک کیا جاتا ہے۔ جب تار میں برقی روگذاری جاتی ہے تو اس میں عجیب وغریب روشنی پیدا ہوتی ہے۔ جس کا رنگ گہرا زرد ہوتا تھا۔ رانجن کو یہ علم تھا کہ کروکس نلی سے مخصوص فاصلے پر اگر چند دھاتیں رکھی جائیں تو ان دھاتوں سے ٹکرا کر یہ شعائیں چمک پیدا کریں گی۔ چنانچہ مالبڈیم کے دھاتی تکڑے سے شعاؤں کو ٹکرایا گیا۔ دھات کا یہ ٹکڑا شعاؤں سے 45 ڈگری مائل رہتا ہے رانجن نے ان شعاؤں کا اثر جاننے کے لئے ان کی چمک دیکھنے کے لئے نلی سے کچھ فاصلے پر نمک کا لیپ کردہ ایک کاغذ رکھا۔ عموماً یہ نمک بیریم پلاٹی نوسایانائیڈ ہوتا ہے۔ اس نے کروکس نلی کو سیاہ کاغذ سے ڈھانک دیا اور نلی میں برقی رو دوڑانے کے بعد سیاہ کاغذ کو آہستہ حرکت دی تو ایک موقع پر اسے شعاؤں کی چمک دکھائی دی۔ ابتداء میں اسے اپنے تجربے پر یقین نہیں آیا اور اس نے دوبارہ تجربے کو دہرایا۔ بعد میں رانجن نے ان عجیب وغریب غیر مرئی شعاؤں کے خواص جاننے کی کوشش کی۔ اس نے محسوس کیا کہ لیپ کردہ کاغذ اور کروکس نلی کے درمیان ایک دھاتی تکڑا رکھا جائے تو شعاؤں میں دھاتی تکڑے کا سایہ پڑ رہا ہے یعنی یہ شعاعیں دھاتی تکڑے میں سے گذرنے کی صلاحیت نہیں رکھتیں۔ اس نے ایک دھاتی کنجی کا عکس حاصل کیا اور اتفاقاً جب شعاؤں کی آڑ میں اس نے اپنا ہاتھ رکھ دیا تو اسے اپنے ہاتھ کی ہڈیوں کا عکس دکھائی دیا۔ یہیں سے ان شعاؤں کی اہمیت بڑھی۔ چونکہ ان شعاؤں کو سب سے پہلے رانجن نے دریافت کیا تھا لہذا اس کے اعزاز میں ایک عرصہ لاشعاعوں کو رانجن شعاعیں کہا جاتا رہا۔ تاہم آج یہ ایکسرے کے نام سے انسانی زندگی کی اہم خدمات انجام دی رہی ہیں۔ زمانہ گذرنے کے ساتھ ساتھ سائنس دانوں نے ان شعاؤں کے مزید خواص اور استعمالات دریافت کئے۔ لاشعاعیں خط

مستقیم میں سفر کرتی ہیں ۔ یہ شعاعیں روشنی کی رفتار یعنی 3x108 میٹر فی سیکنڈ کی رفتار سے سفر کرتی ہیں ۔ یہ شعاعیں مقناطیسی یا برقی میدان سے منحرف نہیں ہوتیں یہ شعاعیں زنک سلفائیڈ جیسی اشیاء پر پڑتی ہیں تو چمک پیدا کرتی ہیں ۔ یہ شعاعیں جن گیسوں سے گذرتی ہیں ان میں روانیت پیدا کرتی ہیں ۔ یہ شعاعیں ایسے مادے سے گذرتی ہیں جن میں سے عام روشنی نہیں گذر سکتی یہ فوٹو گرافی تختیوں کو متاثر کرتی ہیں ۔ یہ شعاعیں انسانی جسم پر بہت زیادہ دیر تک پڑتی رہیں تو نقصان پہنچاتی ہیں ۔ لہذا ریڈیو گرافی مشینوں کے قریب کام کرنے والے کو محتاط رہنا چاہئے ورنہ کینسر کا خدشہ لاحق رہتا ہے ۔ لاشعاعیں شعبہ طب میں میں ہڈیوں کے ٹوٹنے' گردے کی پتھری کا مقام معلوم کرنے یا جسم میں گولی لگی ہو تو اس کا مقام معلوم کرنے کے لئے مرض دق کی پہچان میں استعمال ہوتی ہیں ۔ صنعتوں میں لاشعاعیں چیزوں کی تڑخ یا شگاف کو معلوم کرنے اور دھاتوں میں سوراخ ڈالنے کے لئے استعمال ہوتی ہیں ۔ جرائم کی تحقیقات میں لاشعاعیں بہت فائدہ بخش ہیں ۔ طیرانگاہوں پر کسٹمز کے عہدیدار ہتھیاروں اور اسمگلنگ کی اشیاء کا پتہ چلانے میں ان شعاعوں سے مدد لیتے ہیں ۔ سالمات اور قلموں کی ساخت سمجھنے اور سائنسی تحقیقات میں یہ شعاعیں کار آمد ہیں ۔ زمانے کی ترقی کے ساتھ ساتھ ایکسرے مشینوں کی ہیئت میں بھی تبدیلی آتی گئی اور اب پورٹیبل ایکسرے مشین بھی دستیاب ہیں ۔ لاشعاؤں کی دریافت پر رانجن کو 1901 ء میں طبعیات کا نوبل انعام دیا گیا 1923 ء میں اس کا انتقال ہوا ۔ رانجن کی دریافت کی جاری رکھتے ہوئے ہنری بیکرل اور میری کیوری وغیرہ نے تابکار اشیاء کے بارے میں تحقیقات کیں ۔

رانجن ایک جرمن سائنسدان تھا ۔ اس نے جس وقت لاشعاعوں یا ایکسرے کو دریافت کیا تو وہ دراصل کوئی دوسری دریافت میں مصروف تھا ایکسرے کا نام بھی عجیب وغریب وجہ سے پڑا ہے ۔ کیونکہ انگریزی میں نامعلوم کے لئے ایکس کا لفظ استعمال کیا جاتا تھا اس لئے ان شعاعوں کا نام ایکس رے پڑ گیا ۔ ایکس رے کے دیگر استعمالات کے تعلق سے کہا جاتا ہے کہ وہ کسی چیز میں بائیلوجیکل کیمیکل اور فزیکل تبدیلیاں بھی لا سکتے ہیں

حرام اور حلال جانور

خالق کائنات نے اس دنیا میں کم وبیش 18000 چھوٹی بڑی مخلوقات کو پیدا کیا اور ان میں اپنی تخلیق کے شاہکار انسان کو اشرف المخلوقات بنا کر اسے منصب خلافت سے سرفراز کیا۔ چھوٹی بڑی ہزاروں مخلوقات خدا نے کسی نہ کسی طرح انسان کے لئے بنائیں اور انسان کا مقصد تخلیق خدا کی عبادت قرار دیا۔ اس سرِ زمین پر جتنے بھی جاندار ہیں ان میں توازن پیدا کرنے کے لئے خدا نے ایک کی ضرورت دوسرے پر منحصر کر دی۔ جاندار اپنی غذائی ضروریات کی تکمیل کے لئے دوسرے جانداروں پر انحصار کرتے ہیں اور اسی طرح زندگی کا چکر چلتا رہتا ہے اور کائنات میں توازن قائم رہتا ہے۔ اگر ایک قسم کے جانداروں کا دوسرے پر انحصار نہ ہوتا تو اس کائنات کا توازن بگڑ جاتا اور ہر طرف جانور اور پیڑ پودے ہی نظر آتے اور انسانی زندگی کا وجود ناممکن ہو جاتا ہے۔ انسان کے علاوہ دوسرے جانوروں کی غذائی ضروریات محدود ذرائع سے پوری ہوتی ہیں۔ لیکن انسان کی غذائی ضروریات میں تنوع پایا گیا ہے۔ زمین سے پیدا ہونے والے غلے ترکاری پھل پھول کے علاوہ انسان کی غذائی ضرورتوں کی تکمیل کا بہت حد تک انحصار جانوروں پر بھی ہے۔ مختلف قسم کے جانوروں کے گوشت دودھ اور چربی وغیرہ سے انسان کی غذائی ضرورتوں کی تکمیل ہوتی ہے۔ خصوصاً سرد علاقوں کے لوگوں کے لئے گوشت کا استعمال ناگزیر ہے۔ جانوروں کا گوشت انسان کی غذا میں داخل ہو کر اس کے بدن کا اہم جزو بنتا ہے۔ قدرت نے مختلف جانوروں میں مختلف خصوصیات اور اثرات رکھے ہیں اور یہ اثرات گوشت کے استعمال کے ساتھ انسان کی فطرت اور مزاج پر اثر انداز ہوتے ہیں۔ چنانچہ ابتدائے آفرینش سے سلیم الطبع

انسانوں نے اچھے اور برے جانوروں کی تقسیم کردی۔ انسان درحقیقت سلیم الطبع واقع ہوا ہے اور وہ اپنے لئے اچھی چیز پسند کرتا ہے۔ لیکن زمانے میں اچھے اور برے لوگ واقع ہوتے ہیں اور بھی جاہلانہ رسوم کے سبب یا کسی اور وجہ سے انسانوں میں اچھے اور برے کی تمیز اٹھ جاتی ہے تو انسان بری چیز کو بھی اچھی چیز سمجھنے لگتا ہے۔ خدا تعالیٰ نے ہر زمانے میں انسانوں کی ہدایت اور رہنمائی کے لئے دنیا میں پیغمبر مبعوث فرمائے تا کہ بھٹکے ہوئے لوگوں کو راہ راست پر لایا جاسکے۔ پیغمبروں کی تربیت خدا تعالیٰ راست کرتا ہے۔ لہذا جانوروں کے معاملہ میں انہوں نے جن چیزوں کو خبائث قرار دیا وہ حقیقتاً خبیث ہیں اور جن چیزوں کو طیبات سمجھا وہ حقیقتاً پاک ہیں انسان اگر پاک چیزیں استعمال کرے گا تو اس کے جسم سے نیک اعمال ظاہر ہوں گے اور اگر وہ خبیث چیزیں استعمال کرے گا تو جانوروں کی خباثت کے زیر اثر اس کے اخلاق خراب ہوں گے اور اس کے جسم سے سرزد ہونے والے اعمال برے ہوں گے۔ اسلام ایک دین فطرت ہے اور زندگی کے دوسرے پہلوؤں کے ساتھ ساتھ اسلام نے قرآن اور حدیث کے ذریعہ حرام و حلال جانوروں کے فرق کو واضح کردیا۔ شریعت اسلام نے جتنے جانور حرام قرار دیئے ان سب پر غور کیا جائے تو معلوم ہوگا کہ یہ دو اصولوں کے تحت حرام قرار دیئے گئے۔ ایک یہ کہ کوئی جانور اپنی فطرت وطبیعت کے اعتبار سے خبیث ہو دوسرے یہ کہ اس کے ذبح کا طریقہ غلط ہو جس کا نتیجہ یہ ہوگا کہ وہ مردار قرار دیا جائے گا۔ اور ہر زمانے میں مردار جانور کو حرام اور ممنوع قرار دیا گیا قرآن شریف کے سورہ مائدہ کی تیسری آیت میں جانوروں کی حرمت کے تعلق سے نو باتیں بیان کی گئی ہیں۔ ان میں قسم اول کے تحت خنزیر کو حرام قرار دیا گیا ہے۔ حضور اکرم ﷺ نے جانوروں کے خبیث یا حرام ہونے کے چند ضابطے بیان فرمائے ایک تو یہ کہ وہ جانور خبیث ہے جس کی شکل میں بدلتے ہوئے بعض سابقہ اقوام پر خدا تعالیٰ نے عذاب نازل فرمایا تھا۔ قرآن کا ارشاد ہے کہ ''یعنی بعض قوموں کو خنزیر اور بندر کی شکل میں بطور عذاب مسخ کیا گیا''۔ اس سے ثابت ہوتا ہے کہ جانوروں

کی یہ دونوں قسمیں طبع سلیم کے اعتبار سے خبیث ہیں۔ خبیث جانوروں کی ایک قسم ایسی ہے جو چیر پھاڑ کرتے ہیں یا چیزوں کو اچک لیتے۔ شیر، ببر، چیتا، سانپ، بچھو، چھپکلی، مکھی، چیل اور باز وغیرہ۔ اس قسم کے خبیث جانوروں میں شامل ہیں۔ چنانچہ حضور اکرم ﷺ نے ضابطہ کے طور پر فرمایا کہ ہر درندہ جانور جو دانتوں سے پھاڑ کر کھاتا ہے جیسے شیر بھیڑیا وغیرہ وہ اور پرندوں میں وہ جانور جو اپنے پنجے سے شکار کرتے ہیں جیسے باز شکرہ وغیرہ۔ یہ سب حرام ہیں یا ایسے جانور جن کی طبیعت میں ذلت اور نجاست میں ملوث ہونا شامل ہے جیسے چوہا یا مردار خور جانور جیسے گدھ وغیرہ یا گدھا یہ سب چیزیں ایسی ہیں کہ ہر ذی شعور انسان ان کے طبعی خواص اور ان کے مضر ہونے سے واقف ہے۔ حرام ہیں۔ سورہ مائدہ کی تیسری آیت میں جانوروں کی حرمت سے متعلق جو نو باتیں بیان کی گئی ہیں وہ اس طرح ہیں اس آیت میں کہا گیا کہ تم پر مردار جانور حرام کئے گئے۔ مردار جانور وہ ہیں جو بغیر ذبح کئے کسی بیماری کے سبب یا طبعی موت سے مر جائیں۔ ایسے مردار جانور کا گوشت، طبی، طور پر اور روحانی طور پر انسان کے لئے مضر ہے۔ حدیث شریف کے ذریعہ حضور اکرم ﷺ نے مردار جانوروں میں دو کو یعنی، مچھلی اور ٹڈی کو مستثنیٰ قرار دیا۔ اس آیت کے ذریعہ حرام کی جانے والے دوسری چیزیں خون ہے۔ یہاں خون سے مراد بہنے والا خون ہے۔ تاہم جگر اور تلی کو جو کہ باوجود خون کی شکل ہونے کے مستثنیٰ قرار دیا گیا ہے۔ تیسری چیز خنزیر کا گوشت ہے۔ اس میں اس کا پورا بدن جس میں چربی وغیرہ بھی شامل ہے سب کو حرام قرار دیا گیا چوتھے وہ جانور حرام قرار دیا گیا جو غیر اللہ کے لئے نامزد کیا گیا ہو اور ذبح کے وقت اللہ کے علاوہ کسی غیر اللہ کا نام لیا گیا ہو۔ پانچویں وہ جانور حرام قرار دیا گیا جو گلا گھونٹ کر ہلاک کیا گیا ہو یا خود ہی جال وغیرہ میں پھنس کر اس کا دم گھٹ گیا ہو۔ چھٹے وہ جانور حرام ہیں جو کسی شدید ضرب سے ہلاک ہوا ہو۔ ساتواں وہ جانور جو کسی پہاڑ ٹیلہ یا اونچی عمارت یا کنویں وغیرہ میں گر کر مر جائے وہ بھی حرام ہے۔ آٹھویں وہ جانور جو کسی ٹکر یا تصادم سے ہلاک ہو جائے۔ خواہ کسی گاڑی یا موٹر کے تصادم سے یا

جانوروں کے آپسی تصادم سے ہلاک ہوتو وہ حرام ہے۔نویں وہ جانور حرام ہے جسے کسی درندے نے چیر پھاڑ کر کے زخمی کردیا اوراس کے سبب وہ مرگیا ہو۔آخر میں یہ چھوٹ دی گئی ہے کہ اگر ان جانوروں میں سے تم نے کسی کو زندہ پالیا اور ذبح کرلیا تو وہ حلال ہوگیا۔اس کا کھانا جائز ہے۔ اس کے علاوہ زمانہ جاہلیت کی رسوم کے تحت کعبہ کے گرد کھڑے کئے گئے پتھروں پر ذبح کئے جانے والے جانور اور قسمت آزمائی کے تیر زلم سے مارے ہوئے جانوروں کو بھی حرام قرار دیا گیا اور جہاں تک حلال جانوروں کا تعلق ہے اس کا اشارہ سورہ مائدہ کی پہلی آیت میں اور سورۃ انعام کی آیات ۱۴۳۔۱۴۴ میں کیا گیا۔جس کا خلاصہ یہی ہے کہ پہلے بیان کئے گئے حرام جانوروں کی قسموں کے علاوہ چوپائے مویشی اور گھریلو جانور جیسے اونٹ، گائے، بھینس، بکری وغیرہ جانوروں کی آٹھ قسمیں حلال کی گئیں۔حلال وحرام جانوروں کے بارے میں ایک نکتہ قابل غور یہ بھی ہے کہ اللہ نے جن جانوروں کو حلال کیا ہے وہ پیدا تو ایک یا دو ہوتے ہیں اور ان کی پیدائش کا وقفہ بھی طویل ہوتا ہے۔روزآنہ لاکھوں جانور ذبح کئے جاتے ہیں لیکن ان کی نسل ختم ہی نہیں ہوتی۔ اس کے برخلاف حرام جانور جیسے خنزیر کتا وغیرہ یہ ایک ایک جھول میں کئی کئی بچے جنم دیتے ہیں لیکن قدرت کا انتظام دیکھئے کہ یہ بہت کم تعداد میں ہمیں دکھائی دیتے ہیں۔حلال جانوروں کی پرورش وحفاظت کا انتظام اللہ تعالیٰ نے اس انداز میں کررکھا ہے کہ جتنی زیادہ تعداد میں یہ ذبح ہوں گے اتنی ہی زیادہ تعداد ان کی دکھائی دے گی۔بہرحال جانوروں کے حلال وحرام ہونے کی تقسیم بتاتے ہوئے اللہ نے انسان کو جہاں اپنے احکامات پر عمل آوری کے ذریعہ اس کے محبوب بندے بننے کی دعوت دی ہے تو وہیں اس کی مناسب جسمانی اور روحانی تربیت کا سامان کیا ہے۔ہرسال عیدالاضحیٰ کے موقع پر دنیا بھر میں لاکھوں جانور ذبح ہوتے ہیں۔اوراس کے علاوہ روزانہ غذا کے طور پر بھی لاکھوں جانور ذبح کئے جاتے ہیں۔لیکن کیا بات ہے کہ ان جانوروں کی نسل ختم ہی نہیں ہوتی۔اس سے ان لوگوں کو سبق سیکھ لینا چاہئے جو سبزی خور ہوتے

ہیں۔اور گوشت خور لوگوں کو ظالم سمجھتے ہیں۔ان جانوروں کی حفاظت کا ذمہ اللہ نے لیا ہے۔اس لئے ہر سال لاکھوں کی تعداد میں ذبح ہونے کے باوجود ہر سال ایک نئی نسل ان جانوروں کی تیار رہتی ہے۔اور ایک قابل توجہ نکتہ یہ ہے کہ جب کسی جانور کو ذبح کیا جاتا ہے تو کوئی جانور یہ نہیں کہتا یا ظاہر کرتا ہے کہ وہ اللہ کی راہ میں قربان نہیں ہوگا۔ ہر جانور بلا چوں و چرا قربان ہو جاتا ہے۔اور اللہ کے ہاں قبول ہو جاتا ہے۔ جانوروں کی اس عادت سے انسان کو بھی سبق سیکھنا چاہئے کہ وہ بھی اللہ کے لئے اپنی عزیز چیزیں قربان کرنے کے قابل بنیں۔ جیسے کہ حضرت ابراھیم علیہ السلام نے رہتی دنیا تک مثال پیش کی۔

انفارمیشن ٹیکنالوجی کیا ہے؟

اکیسویں صدی معلومات کی صدی ہے۔ انسان نے دنیا کے کئی شعبوں میں ترقی کی ہے تاکہ زندگی کو بہتر اور آرام دہ بنایا جاسکے۔ انسانی ایجادات کے فائدے اور نقصانات مساوی ہیں اسلئے انسان کیلئے ضروری ہے کہ وہ اپنے اطراف ہورہی تبدیلیوں سے باخبر رہے اور اپنی زندگی کو بہتر بنائے۔ انفارمیشن ٹکنالوجی کا مطلب معلومات کو پیدا کرنا، جمع کرنا، تجزیہ کرنا اور دوسروں تک پہنچانا ہے۔ دنیا میں اطلاعات کا ایک طوفان کھڑا ہوگیا ہے۔ اب ان معلومات کی لوگوں تک ترسیل کی ضرورت نے انفارمیشن ٹکنالوجی کو جنم دیا ہے۔ پہلے زمانے میں لوگ پیداوار کے لئے کھیتوں اور کارخانوں میں کام کرتے تھے اور محنت مزدوری کے بعد روزگار حاصل کر کے اپنا پیٹ بھرتے تھے۔ آج نوجوانوں کا ایک بڑا طبقہ ایسے اداروں میں کام کررہا ہے جہاں کمپیوٹر کے سامنے بیٹھ کر معلومات ایک جگہ سے دوسری جگہ پہونچائی جاتی ہوں۔ اس کام کیلئے انہیں معاوضہ بھی اچھا ملنے لگا ہے۔ چاہے کوئی انسان بنک میں کام کررہا ہو یا ریلوے کا ٹکٹ بک کررہا ہو۔ ٹیلی ویژن پر نیوز پڑھ رہا ہو یا بڑے اسٹور میں سامان کی فہرست بنارہا ہو ہر جگہ کمپیوٹر کا استعمال شروع ہوگیا ہے۔ ہندوستان ایک زرعی ملک تھا جس کی 70 فیصد آبادی زراعت کا کام کرتی تھی۔ اب ہندوستان ایک انفارمیشن سوسائٹی میں تبدیل ہورہا ہے معلومات کو عوام تک، جلد اور تیزی سے پہونچانے کے ذرائع میں بھی ترقی ہوئی۔ پہلے چھاپہ خانوں کی ایجاد سے اخبار اور کتابوں کی اشاعت سے معلومات لوگوں تک پہونچائی جارہی تھیں۔ بعد میں ٹیلی گراف،

ٹیلی فون، فیاکس، ای میل، جیسی جدید ٹکنیکوں اور سہولتوں کے ایجاد ہونے سے کم وقت میں زیادہ معلومات ایک مقام سے دوسرے مقام تک پہونچائی جارہی ہیں۔ پہلے لوگ اپنے عزیزوں کی خیریت معلوم کرنے کیلئے ڈاکیہ کا انتظار کرتے تھے۔ اب فون کی سہولت سے گھر بیٹھے دنیا کے کسی بھی حصہ میں موجود اپنے رشتے دار سے نہ صرف بات کر سکتے ہیں بلکہ انٹرنٹ پر بیٹھ کر اُسے بات کرتا ہوا دیکھ بھی سکتے ہیں۔ اسطرح معلومات کی فراہمی سے رفتار تیز ہوگئی ہے۔ آج کا دور کمپیوٹر اور انفارمیشن کا دور ہے۔ اور اس دور میں تعلیم یافتہ کی تعریف بھی بدل گئی ہے۔ آج اس شخص کو تعلیم یافتہ کہا جارہا ہے جسے کمپیوٹر خود سے استعمال کرنا آتا ہو۔ اور اگر کسی شخص کو کمپیوٹر چلانا نہیں آتا تو وہ ایک قسم کا جاہل ہے۔ انفارمیشن ٹکنالوجی کے اثرات بھی دوررس ثابت ہورہے ہیں۔ زرعی اور صنعتی ترقی کی طرح انفارمیشن ٹکنالوجی نے بھی دنیا کو ''انفارمیشن سوسائٹی'' میں تبدیل کررہا ہے۔ دنیا میں مواصلات اور ترسیل کی حدیں ٹوٹ گئی ہیں۔ اور دنیا ایک ''گلوبل ولیج''، یعنی ''چھوٹے سے دیہات'' میں بدل گئی ہے۔ معلومات کی ترقی سے تجارت، صنعت، تعلیم و تربیت، فنون لطیفہ، تفریح، سائینس، انجیزنگ جیسے شعبوں میس ترقی کی رفتار تیز ہوگئی ہے۔ جس سے انسانی تہذیب نے ترقی کی سمت جست لگائی ہے۔ ٹیلیفون فیاکس، اور E-mail سے کم وقت میں زیادہ کام ہونے لگاے۔ دفاتر میں کمپیوٹر کے آجانے سے اور تجارتی اداروں میں کمپیوٹر کے نٹ ورک لگادینے سے ای کامرس یعنی تیز رفتار تجارت کو فروغ حاصل ہوا۔ آج ATM کے ذریعہ ملک کے کسی بھی حصے سے اپنے اکاونٹ سے 24 گھنٹے میں کبھی بھی رقم نکالی جاسکتی ہے کسی بھی علاقے کا ٹکٹ کہیں بھی ریزرو کرایا جاسکتا ہے۔ آج کل ٹیلی شاپنگ کا رواج بھی عام ہورہا ہے۔ کارخانہ میں پیداوار کیلئے کمپیوٹر سے مددلی جارہی ہے ۔مسئلہ کپڑے ڈیزائن کرنے کا ہو یا کسی اور پیداوار کا بلڈنگ کا نقشہ بنانا ہو یا کوئی منصوبہ

بنانا ہو' کمپیوٹر کے پروگرام Autocad سے مدد لی جارہی ہے اور خوبصورت ڈیزائن تیار کئے جارہے ہیں تعلیم و تربیت کے میدان میں بھی کمپیوٹر اور انفارمیشن ٹکنالوجی سے مدد لی جارہی ہے۔ کلاس میں تدریس محدود طلباء کیلئے ہوتی ہیں۔ جبکہ ٹیلی ویژن پر دیکھا جارہا سبق ساری ریاست اور سارے ملک کے بچے دیکھ اور سُن سکتے ہیں۔ ایک ماہر استاد انفارمیشن ٹکنالوجی کی مدد سے سارے ملک کے بچوں کی تربیت کرسکتا ہے آندھرا پردیش میں امبیڈکر اوپن یونیورسٹی' Mana Tv اور ہندوستان بھر میں اندرا گاندھی اوپن یونیورسٹی کے پروگرام' ٹیلی ویژن پر کامیابی سے دیکھائے جارہے ہیں۔ ہندوستان کی حکومت نے کمپیوٹر کو عام انسان اور غریب طالب علم تک آسانی سے پہونچانے کی خاطر حال ہی میں تیار کردہ TABLET COMPUTER کا افتتاح کیا ہے۔ اور امید کی جارہی ہے کہ اگلے سال سے یہ چھوٹا لیاپ ٹاپ کمپیوٹر سارے ہندوستان کے طلبا کو صرف دو ہزار روپئے میں فراہم کیا جائے گا۔ سائنس و ٹکنالوجی کے میدان میں انفارمیشن ٹکنالوجی سے انقلابی تبدیلیاں رونما ہورہی ہیں۔ ریموٹ سینسنگ کے ذریعہ مواصلاتی سیاروں کی نقل و حرکت پر نظر رکھی جارہی ہے۔ موسم کی پیش قیاسی کی جاتی ہے۔ اب سونامی وارننگ سسٹم بھی تیار کیا جارہا ہے۔ طب کے میدان میں جنگی ساز و سامان کی تیاری میں میں روزمرہ تعمیراتی کاموں میں کمپیوٹر پروگراموں کی مدد لی جارہی ہے۔ تفریحی میدان میں فلموں کی تیاری میں کمپیوٹر سے مدد لی جارہی ہے۔ کارٹون فلمیں کمپیوٹر کی ہی دین ہیں۔ رقص' موسیقی' فیشن ڈیزائن' انٹیریر ڈیزائن وغیرہ میں کمپیوٹر پروگرام مدد کررہے ہیں۔ انفارمیشن ٹیکنالوجی نے ساری دنیا میں خبروں کی فراہمی کا نظام تیز کردیا ہے۔ اب دنیا کے کسی بھی حصہ میں کچھ بھی واقعہ ہوجائے فوری اس کی اطلاع ساری دنیا میں لوگوں کو مل جارہی ہے۔ اور کسی علاقے کے حالات سے لوگ ٹی وی اور انٹرنیٹ سے باخبر ہوجارہے

ہیں۔اس طرح ہم کہ سکتے ہیں کہ انفارمیشن ٹکنالوجی زندگی کا لازمی حصہ ہے۔اس سے وقت کی بچت ہوتی ہے۔اور تیز رفتار ترقی ہورہی ہے۔ لیکن ایک سوال پیدا ہوتا ہے کہ ہندوستان جیسے غریب ملک میں جہاں آج بھی لاکھوں لوگ خط غربت سے نیچے کی زندگی گذار رہے ہیں۔ اور بنیادی ضروریات روٹی' کپڑا اور مکان کی فکر میں ہیں۔ انہیں انفارمیشن ٹیکنالوجی کیسی مدد کرسکتی ہے۔آج معلومات کے طوفان سے انسانی زندگی میں وقت کی کمی ہوگئی ہے۔ اچھی قدروں کا فقدان ہوگیا ہے۔انسانی رشتوں کا تقدس ختم ہورہا ہے۔جرائم میں اضافہ ہورہا ہے۔اور زندگی کا سکون ختم ہوگیا ہے۔ایسے میں ضرورت اس بات کی ہے کہ انسان کو ضرورت کی حد تک ہی معلومات رکھنی چاہئے۔ اور غیر ضروری معلومات کے حصول کے ذریعے اپنی زندگی کا قیمتی وقت برباد نہیں کرنا چاہئے۔

ذرائع ابلاغ اور اس کے اجزاء

ابلاغیات کی تعریف اور اہمیت: انسان سماجی حیوان ہے۔ وہ سماج کے بغیر زندگی نہیں گزار سکتا ہے۔ افراد اور خاندان کے ملنے سے سماج وجود میں آتا ہے۔ انسان سماج میں رہتا ہے، طرح طرح کے پیشے اختیار کرتا ہے اور ایک دوسرے کی مدد سے زندگی کو بہتر طریقہ سے گزارنے کی کوشش کرتا ہے۔ وقت گزرنے کے ساتھ سماج، گاؤں، دیہات، شہر اور ملکوں میں پھیلتا گیا۔ لوگوں کو ایک دوسرے کے حالات جاننے کی ضرورت محسوس ہوئی چنانچہ ایسے ذرائع اختیار کیے گئے جن سے تیز رفتاری کے ساتھ ایک دوسرے کے حالات سے واقفیت حاصل ہو سکے۔ جس طرح انسان کو زندہ رہنے کے لیے ہوا، پانی، غذا، کپڑا، مکان وغیرہ کی ضرورت ہے اسی طرح ایک دوسرے سے گفتگو کرنے اور ایک دوسرے کے حالات جاننا بھی ضروری ہے۔ اپنے خیالات، محسوسات اور تجربات کو دوسروں تک پہنچانے کا عمل ابلاغیات کہلاتا ہے انگریزی میں اسے (Communication) کہتے ہیں۔ انسان کی فطرت میں یہ بات شامل ہے کہ وہ اپنے تجربات اور کارناموں کو دوسروں سے بیان کرنا چاہتا ہے اور اس کی یہ جستجو رہتی ہے کہ وہ دوسروں سے احوال جاننا چاہتا ہے۔ انسان کی اسی ضروریات کے تحت ابلاغیات وجود میں آئے۔ ابلاغیات کے ذرائع میں اخبار، ریڈیو، ٹیلی ویژن، سنیما وغیرہ شامل ہیں۔ اسی طرح خط، ٹیلی فون، ای میل وغیرہ بھی ابلاغیات کا ایک حصہ ہیں۔ عوامی ذرائع ابلاغ ان وسائل کو کہتے ہیں جن کے ذریعہ ایک سماج کے احوال خود سماج کے افراد میں اور دوسرے سماج تک پہنچائے جاتے ہیں پیغام کو عوام کے بڑے گروہ تک پہنچانے والے ذرائع کو عوامی ذرائع ابلاغ کہتے ہیں۔ اخبار،

سنیما، ریڈیو، تھیٹر، ٹیلی ویژن وغیرہ عوامی ذرائع ابلاغ ہیں۔ انفرادی طور پر معلومات کی ترسیل کے ذرائع خط، فون وغیرہ خانگی ذرائع ابلاغ ہیں۔

ابلاغیات کے اجزا: عوامی ذرائع ابلاغ کے اجزاء میں سورس پیغام، چینل، Reciever، Feedback اور رکاوٹ وغیرہ شامل ہیں۔

1۔ سورس (Source): جو لوگ اطلاع تیار کرتے ہیں انھیں سورس کہتے ہیں۔ اخبار کا رپورٹر ٹیلی ویژن پر خبریں پڑھنے والا نیوز Editor، فوٹو گرافر فلم کی کہانی (Story Writer) لکھنے والا وغیرہ سورس کا حصہ ہے۔ یہ لوگ انھیں حاصل شدہ معلومات کو اطلاع میں تبدیل کرتے ہیں۔

2۔ پیغام (Message): جب اطلاع تیار کرنے والے افراد سورس کے پاس کوئی اطلاع آ جائے تو وہ اس اطلاع کو جس انداز میں دوسروں تک پہنچاتے ہیں اسے پیغام کہتے ہیں۔ پیغام کاغذ پر تحریر کی شکل میں، آواز کی لہر کی شکل میں، تصویر کی شکل میں، موسیقی یا سنگ تراشی کی شکل میں یا اشارے کی شکل میں ہوتا ہے۔ پیغام کو اس طرح تیار کیا جاتا ہے کہ وہ جہاں پہنچتا ہے وہاں آسانی سے سمجھ میں آ جاتا ہے۔

3۔ چینل (Channel): جس ذریعہ سے پیغام روانہ کیا جاتا ہے اسے چینل کہتے ہیں۔ پیغام اخبار کے ذریعہ، ریڈیو، ٹیلی ویژن کے ذریعہ سے فوٹو کے ذریعہ سے، فون (Phone)، e-mail کے ذریعہ سے، Internet کے ذریعہ سے بھیجا جاتا ہے۔ پیغام رسانی کے یہ ذرائع چینل کہلاتے ہیں۔

4۔ ریسور (Reciever): کسی چینل کے ذریعہ پیغام حاصل کرنے والا کو ریسور یا ڈی کوڈر کہتے ہیں۔ ہر قسم کے ناظرین، سامعین اور قارئین ریسور ہیں، ریسور کے لیے پیغام تیار کیا جاتا ہے اور اسے ریسو کیا جاتا ہے۔ پیغام رسانی کے ادارے ریسور کی

پسند اور ضرورت کے مطابق پیغام روانہ کرتے ہیں۔

5۔ Feedback: جب دو لوگ آپس میں بات کرتے ہیں تو فوری اپنے ردعمل کو ظاہر کرتے ہیں۔ لیکن جب اخبار، ریڈیو اور ٹیلی ویژن کے ذریعہ کوئی بات کوئی ڈرامہ پیش کیا جائے تو فوری آس پاس کا ردعمل ظاہر نہیں ہوتا۔ پیغام تیار کرنے والے سورس یہ جاننا چاہتے ہیں کہ ان کے پروگرام پر عوام کا ردعمل کیا ہے۔ اس کے لیے وہ مختلف سروے کراتے ہیں اور خط اور e-mail کے ذریعہ عوامی رائے جاننا چاہتے ہیں تاکہ پروگرام کی کمزوری کو دور کیا جاسکے۔ وہ ادارے کامیاب رہتے ہیں جو پیغام رسانی کے بعد Feedback وصول کرتے ہیں۔

6۔ بیریر: پیغام کو دوسروں تک پہنچانے کے جو چینل ہیں انھیں اکثر تکنیکی خرابی ہوتی ہے۔ اخبار چھاپنے کی مشین خراب ہو جائے یا ہڑتال کے سبب اخبار لوگوں تک نہ پہنچے ریڈیو اور ٹیلی ویژن میں لہروں کی ترسیل میں signal کی کمی پیشی سے رکاوٹ پیدا ہوتی ہے۔ فون استعمال کرنے والے اکثر کمزور Signal کے سبب بات سن نہیں سکتے ٹیلی ویژن کے پروگرام سٹلائٹ کی خرابی یا برقی کے چلے جانے سے برابر دکھائی نہیں دیتے، ذرائع ابلاغ کی یہ رکاوٹیں ہیں۔ جن کی وجہ سے پیغام کی ترسیل میں کبھی کبھی رکاوٹ آ جاتی ہے۔

Gate Keeping: Source جب پیغام تیار کرتا ہے تو Gate Keeping کے ذریعہ یہ دیکھا جاتا ہے کہ پیغام reciever کے قابل ہے یا نہیں اور اس میں کمی پیشی کی جاتی ہے۔ فلموں کی تیاری کے بعد اسے Sencor Board روانہ کیا جاتا ہے۔ جہاں قابل اعتراض مناظر نکال دیئے جاتے ہیں۔ اخبار میں اگر ایسی کوئی اطلاع چھاپ دی جائے یا شائع کی جائے جس سے عوامی امن کا نقصان ہوتا ہو تو اخبار پر پابندی عائد کی جاتی ہے۔ اسے ابلاغیات کی زبان میں Gate Keeping کہتے ہیں۔

ہندوستان میں ٹیلی ویژن کی ترقی

ٹیلی ویژن موجودہ زمانے کا موثر ذریعہ ابلاغ ہے۔ اور یہ انسانی زندگی کا ناگزیر حصہ بن چکا ہے۔ اس کے اثرات اخبار، ریڈیو اور فلم کے مقابلے میں زیادہ ہیں۔ ٹیلی ویژن کی ابتداء تو کافی دیر سے ہوئی لیکن اس کی ترقی بہت تیز رفتار رہی۔ لفظ ٹیلی ویژن دو الفاظ کا مرکب ہے۔ ٹیلی یونانی لفظ ہے جس کے معنی بہت دور سے اور ویژن لاطینی لفظ ہے جس کے معنی دیکھنا یا دکھائی دینا ہے اس طرح ٹیلی ویژن کے معنی بہت دور کی چیز کو دیکھنا ہیں۔ ٹیلی ویژن کی ایجاد سے قبل ریڈیو مواصلات کا اہم ذریعہ تھا۔ اور بغیر آواز کی متحرک فلم بھی پردے پر پیش ہونے لگی تھی۔ جلد ہی سائینس دانوں نے تصویر کی حرکت اور آواز کو ایک ساتھ پیش کرنے اور پھر ان دونوں کو لہروں میں بدل کر دور تک بھیجنے اور ان لہروں کو دوبارہ تصویر اور آواز کی شکل میں حاصل کرنے کے طریقے ایجاد کر لئے۔ جو ٹیلی ویژن کی ایجاد کا ذریعہ بنے۔ ٹیلی ویژن کی نشریات کا آغاز سب سے پہلے 1920ء میں امریکہ میں ہوا۔ یہ نشریات تجرباتی طور پر ہوئی تھیں۔ اس وقت تصویر کو بدلنے کی رفتار کم تھی۔ اس لئے وہ آج کی طرح زندہ جاوید اور چلتی پھرتی تصویریں محسوس نہیں ہوتی تھیں۔ لیکن ٹیلی ویژن کے ابتدائی تجربات فائدہ مند رہے اور بہت جلد ٹیلی ویژن کا خواب حقیقت بنا۔ 1936ء میں بی بی سی نے دنیا کی پہلی ٹیلی ویژن سرویس کا آغاز کیا۔ 1940ء تک امریکہ میں بھی ٹیلی ویژن کو فروغ حاصل ہو گیا۔ اور دور تک ٹیلی ویژن کی نشریات بھیجی جانے لگیں۔ امریکہ میں NBC,RCA نشریاتی کمپنیاں شروع ہوئیں۔ اور 1950ء تک وہاں رنگین ٹیلی کاسٹ کا بھی آغاز ہو گیا۔

ہندوستان میں ٹیلی ویژن کی ابتداء 15 ستمبر 1959ء سے یونیسکو کے ایک پائلٹ پروجیکٹ کے تحت ہوئی۔ جس کے تحت یہ معلوم کیا گیا کہ یہاں پسماندہ طبقات کی تعلیم ترقی میں ٹیلی ویژن کس قدر فائدہ مند ہوسکتا ہے۔ 1961ء میں آل انڈیا ریڈیو نے اسکول ٹیلی ویژن کے نام سے ٹیلی ویژن پروگرام شروع کیا۔ جس کے لئے دہلی اور اطراف کے علاقوں میں ٹیلی ویژن سیٹ لگائے گئے اور دہلی میں پانچ سو واٹ کا ٹرانسمیٹر نصب کیا گیا۔ 1965ء تک ہفتہ میں صرف ایک دن ایک گھنٹے کے پروگرام نشر ہوتے تھے۔ 1965ء سے روزانہ ایک گھنٹے کے پروگرام پیش کئے جانے لگے جن میں کچھ تفریحی پروگرام بھی ہوا کرتے تھے۔ 1976ء تک ہندوستان میں ٹیلی ویژن کے لئے علٰحیدہ محکمہ نہیں تھا۔ اسی برس دوردرشن کے نام سے ٹیلی ویژن کے لئے علٰحیدہ محکمہ کام کرنے لگا۔ 1982ء میں ہندوستان میں ایشیائی کھیلوں کا انعقاد عمل میں آیا۔ اور یہاں ٹیلی ویژن نشریات میں بھی انقلابی تبدیلیاں آئیں۔ مواصلاتی سیاروں اور ٹرانسمیٹر وں کے ذریعے ملک کے دور دراز علاقوں میں ٹیلی ویژن نشریات کا آغاز کیا گیا۔ دہلی میں منعقدہ ایشیائی کھیلوں کو براہ راست ملک بھر میں ٹیلی کاسٹ کیا گیا۔ اور اسی برس ہندوستان میں رنگین ٹیلی ویژن کا آغاز ہوا۔ اور ملک بھر ٹیلی ویژن کو مقبولیت ملی۔ ملک کا پہلا کامیاب ٹیلی ویژن سیریئل ہم لوگ 1984ء میں دکھایا گیا۔ ٹیلی ویژن کے ذریعے اشتہارات کو فروغ ہوا۔ 1992ء میں ملک میں بیرونی سٹلائٹ چینل دکھائے جانے لگے۔ ڈش انٹینا اور کیبل ٹی وی کے ذریعے ناظرین کو ان کی پسند کے کھیل اور تفریح کے چینل ایک سے زیادہ کی تعداد میں دکھائے جانے لگے۔ جو چوبیس گھنٹے پروگرام پیش کرتے تھے۔ اسٹار، زی اور سونی ٹی وی نے نشریات کی دنیا میں انقلاب برپا کردیا۔ اور دیکھتے ہی دیکھتے علاقائی زبانوں میں بھی اس طرح کے کئی چینل شروع ہوگئے۔ دوردرشن نے بھی اپنا دوسرا چینل شروع کیا۔ بعد میں علاقائی چینل بھی شروع کئے گئے۔ نیشنل پروگرام کے تحت رات میں خبریں اور تفریحی اور معلوماتی پروگرام ہندی اور انگریزی

میں پیش ہونے لگے۔ علاقائی چینلوں کو اپنی زبان میں پروگرام پیش کرنے کے لئے علحیدہ وقت دیا گیا۔ تعلیم، صحت اور زراعت کو فروغ دینے والے پروگرام پیش ہوئے۔ کیبل پروگرام کی ترقی ہوئی۔ اور بڑے آپریٹر سارے شہر میں یکساں پروگرام دینے لگے۔ بڑے آپریٹر بھاری رقومات کی وصولی کے بعد چھوٹے کیبل آپریٹروں کو پروگرام دینے لگے۔ حکومت نے کیبل ٹی وی کی بڑھتی ہوئی تجارت کے پیش نظر 1995ء میں کیبل آپریٹروں کو باقاعدہ بنانے کے لیے قانون سازی کی۔ عوام پر تفریحی Tax عائد کیا گیا۔ اس طرح ہندوستان میں ٹیلی ویژن کی شروعات تو سست رفتار رہی، لیکن سٹلائیٹ چیانلوں کی آمد کے بعد یہاں ٹیلی ویژن کی مقبولیت بہت بڑھ گئی اور کئی بیرونی ادارے اور ان کے چیانل ہندوستان میں اپنے پروگرام پیش کرنے لگے۔ ٹیلی ویژن کی مقبولیت سے اشتہارات کا کاروبار خوب چل پڑا۔ ہندوستانی فلم اور کھیل سے کاروبار کو فروغ ملا۔ ہندوستانی فلم اور کھیل سے وابستہ بڑے بڑے ستارے نئی نئی اشیاء کا اشتہار پیش کرتے ہوئے نظر آنے لگے اور دنیا کی ایک بڑی تجارتی منڈی سمجھے جانے والے اس ملک میں مقامی و بیرونی اشیاء کی تجارت پھیلنے لگی۔ کہا جاتا ہے کہ ہندوستان میں عام آدمی روزانہ دو سے چھ گھنٹے ٹی وی دیکھتا ہے اور یہ وقت بہت زیادہ ہے۔ بچے سے لے کر بوڑھے تک سبھی کی پسند کے پروگرام ٹی وی پر دستیاب ہیں۔ دولت مند گھرانوں میں اب تو ہر کمرہ میں سب کے لیے الگ الگ ٹی وی کا انتظام ہونے لگا ہے۔ ٹیلی ویژن استعمال کے اعتبار سے فائدہ مند کم اور نقصان دہ زیادہ ہے۔ اگر پروگراموں کے انتخاب میں احتیاط نہ برتی جائے تو ٹیلی ویژن کے مضر اثرات سامنے آسکتے ہیں۔ آج اکثر چیانلوں پر دکھائے جانے والے بیشتر سیریئل اور فلمیں اخلاقی قدروں سے دور، مغربی تہذیب کی عکاسی کرتے ہوئے ناجائز رشتوں کو عریانیت اور فحاشی کے ذریعہ پیش کر رہے ہیں۔ اگر بچے اور نوجوان مسلسل ان باتوں کو دیکھتے اور سنتے ہیں تو ان کی سماجی زندگی پر برے اثرات پڑ سکتے ہیں۔ ہندوستان کی سماجی زندگی میں مشرقی اقدار اور اخلاقی

قدروں کی شکست وریخت کا عمل شروع ہو چکا ہے۔شادیاں ناپائیدار ہوگئی ہیں۔ناجائز رشتوں کو Fashion سمجھا جارہا ہے۔نوجوان اچھی قدروں کوفرسودہ سمجھ کرروایت سے بغاوت کررہے ہیں۔والدین کی نافرمانی،نشہ آوراودیات کا استعمال مجرمانہ سرگرمیوں میں ملوث ہونا،لڑکیوں سے چھیڑ چھاڑ،قتل وغارت گری عام بات ہوگئی۔کسی بھی خبرکوعوام تک پہلے پہنچانے کی دوڑ میں کئی نیوز چیانل زرد صحافت کوفروغ دے رہے ہیں۔ایک دوسرے پر کیچڑ اچھالنا اور ہر خبر کو بریکنگ نیوز کہہ کرسنسنی پھیلانا سماجی قدروں کونقصان دہ بنارہا ہے۔ٹیلی ویژن کے ان مضر اثرات کے باوجودعوام کے بڑے طبقہ تک اس کی رسائی کے پیش نظراس ذریعہ ابلاغ کوتعلیم، صحت عامہ،عوامی شعور کی بیداری اور ملازمت کے مواقع فراہم کرنے کے لیے بھی استعمال کیا جاسکتا ہے۔دوردرشن کے قومی اور علاقائی چیانلوں سے اندرا گاندھی اوپن یونیورسٹی' امبیڈکر اوپن یونیورسٹی اورمولانا آزادنیشنل اردویونیورسٹی کے پروگرام کامیابی کے ساتھ پیش کیے جارہے ہیں۔اسکولوں میں ٹیلی ویژن پرطلباء کے لیے اسباق پڑھائے جارہے ہیں۔ویڈیو کانفرنس کی سہولت کے ذریعہ وقت کی بچت کرتے ہوئے دارالحکومت حیدرآباد کوضلع مستقروں سے جوڑتے ہوئے ضلع کلکٹراور دیگر عہدیداروں سے راست بات چیت کی جارہی ہے۔جس سے انتظامیہ اورنظم ونسق میں سدھار پیدا ہورہا ہے۔عوامی شعور کو بیدارکرنے کے لیے ٹیلی ویژن کواستعمال کیا جارہا ہے۔دیہی عوام کوصحت عامہ کی طرف توجہ دلانے اورامراض پرقابوپانے کے لیے پولیومہم اوردیگراشتہارات دکھا کر کامیابی حاصل کی گئی ہے۔مرض ایڈس سے متعلق اہم معلومات ٹی وی سے بہم پہنچائی جارہی ہیں۔انتخابات کے دوران ٹیلی ویژن عوامی شعورکو بیدارکرنے اوررجحان سازی میں اہم رول انجام دے رہا ہے۔ٹیلی ویژن انڈسٹری سے روزگار کے کافی مواقع دستیاب ہیں۔خبروں کے چیانلوں پرکام کرنے کے لیے صحافیوں کی ضرورت پڑتی ہےاوران صحافیوں کوروزگار ملنےلگتا ہے۔خانگی نیوز چیانلوں کےصحافی ہرمقام پرموجود ہیں۔اشتہارات کی

تیاری اوران کوپیش کرنے والے ستارے اور ماڈلس کافی روپیہ کمارہے ہیں۔

اس طرح ٹیلی ویژن نے ہندوستان میں کئی بیروزگاروں کوروزگارفراہم کیا ہے۔ ٹیلی ویژن کا ایک اہم فائدہ ہندوستان میں قومی یکجہتی کا فروغ ہے۔قومی پروگرام کے ذریعہ دوردرشن ہندوستان میں قومی یکجہتی پرمبنی پروگرام، سیریئل، گیت اورفلم پیش کرتا ہے جب بھی ہندوستان میں قومی یکجہتی کونقصان پہنچا ہے بڑے بڑے فلمی ستارے، کھلاڑی اورقومی رہنما قومی یکجہتی کا موثر پیام ٹیلی ویژن کے ذریعہ دیتے ہیں۔ اس طرح مجموعی طور پر ہندوستان میں ٹیلی ویژن ایک طاقتورذریعہ ابلاغ ہے۔اس کا صحیح استعمال ہندوستان کی ترقی میں معاون ثابت ہوسکتا ہے۔ان دنوں ٹیلی ویژن کوانٹرنیٹ سے مسابقت کا سامنا ہے۔اس کے باوجود یہ عوامی زندگی کا ایک اہم حصہ ہے۔

ہندوستان میں ریڈیو کی ترقی

ریڈیو ذرائع ابلاغ کا ایک قدیم، سستا اور موثر ذریعہ ہے۔ کاروباری اداروں' چھوٹی تجارت کرنے والےاور طالب علم اکثر ریڈیونشریات سے اپنادل بہلاتے ہیں۔آج سے سوسال قبل ریڈیونشریات کا دنیا میں آغاز ہوا۔ 1875ء میں Thomson نے wireless سگنل بھیجنا شروع کیا، 1876ء میں Bell نے ٹیلی فون ایجاد کیا، 1887ء میں جرمن ماہر طبعیات Hertz نے ریڈیائی لہروں کوخلاء میں بھیجا، 1895ء میں Markoni نے ریڈیوٹرانسمیٹر اورریسیورایجاد کیا۔اس طرح مارکونی کوریڈیو کا موجد قرار دیا جاتا ہے۔ 1917ء میں امریکہ میں ریڈیو کی پہلا اسٹیشن وائس آف امریکہ کا قیام عمل میں آیا۔اس کے بعد آہستہ آہستہ دنیا کے بیشترمما لک میں ریڈیونشریات کا آغاز ہوا۔

1۔ ہندوستان میں ریڈیو: ریڈیو پروگرام شروع کرنے میں ہندوستان پیچھے نہیں رہا۔ 1921ء کے بعد تجرباتی طور پر یہاں ریڈیو نشریات شروع کی گئیں۔ کلکتہ اور بمبئی میں ریڈیو Club قائم کیے گئے۔ 1926ء میں انڈین براڈ کاسٹنگ سروس (Indian Broadcasting Service) کا قیام عمل میں آیا۔ 1927ء میں کلکتہ اور بمبئی میں ریڈیو اسٹیشن قائم ہوئے۔ وامسٹا رائے، لارڈ الوین نے اس کا افتتاح کیا۔ مدراس میں بھی ریڈیو نشریات کا آغاز انھیں دنوں میں ہوا۔ دوسری عالمی جنگ کے دوران جرمن پروپیگنڈے کے اثر کو کم کرنے کے لیے بیرونی نشریات کا آغاز کیا۔ عوام کی ضرورت کے تحت ہندوستانی زبانوں میں نشریات پیش کی گئی۔ 1947ء میں تقسیم ہند کے وقت ہندوستان کے حصے میں چھ ریڈیو اسٹیشن ممبئی، دہلی، مدراس، کلکتہ، لکھنو، ترچنا پلی وجود میں آئے۔ جب کہ پاکستان کے حصہ میں ریڈیو اسٹیشن پیشاور، لاہور اور ڈھاکہ میں قائم کیے گئے۔ 14 اور 15 / اگست کی رات کو ریڈیو پر لارڈ مونٹ بیٹن پنڈت نہرو اور محمد علی جناح نے تقریر کی جسے ریڈیو پر براہ راست پیش کیا گیا۔ ہندوستان میں ابتداء میں ریڈیو رکھنے کے لیے Licence رکھنا پڑتا تھا۔ آزادی کے بعد ہندوستان میں 26,000 لائسنس یافتہ ریڈیو سٹ تھے۔ پہلے، دوسرے، تیسرے، پنچ سالہ منصوبوں میں ریڈیو کی ترقی کی کوشش کی گئی۔ نئے نئے ٹرانسمیٹر لگائے گئے، پہلے پنچ سالہ منصوبہ کے اختتام تک ملک کی 46% آبادی ریڈیو پروگرام سن سکتی تھی۔ 1957ء میں ویوت بھارتی کا قیام عمل میں آیا۔ بمبئی اور مدراس سے عوامی دلچسپی کے پروگرام شروع کیے گئے۔ Medium Wave اور Short Wave نشریات شروع ہوئیں۔ تیسرے پنچ سالہ منصوبے کے اختتام تک ہندوستان میں ریڈیو کے 54 مراکز قائم ہوئے اور ملک کی 70% آبادی کا احاطہ کیا گیا۔ آزادی کے بعد ہندوستانی ریڈیو کا نام All India Radio ہوگیا۔ 1967ء میں A.I.R کورڈ نافذ کیا گیا۔ جس کے تحت ملک میں امن قائم رکھنے کے لائق پروگرام نشر کرنے کی بات رکھی گئی۔ آل

انڈیا ریڈیو کے کئی شعبہ قائم ہوئے۔ Commercial Broadcasting میں اشتہارات کے ساتھ فلمی گانوں کے پروگرام پیش ہونے لگے۔ News Service Divison کے تحت قومی اور علاقائی زبانوں میں خبریں پیش ہونے لگیں۔ ریڈیو پر تعلیمی نشریاتی پروگرام، کسانوں کے پروگرام، Yuva Vani نوجوانوں کے پروگرام پیش ہونے لگے۔ پانچویں پنج سالہ منصوبہ میں FM ریڈیو کی شروعات ہوئی۔ ابتداء میں ملک کے بڑے شہروں میں یہ سہولت تھی آج FM ریڈیو کی نشریات کا ملک بھر میں جال پھیل گیا ہے۔ حیدرآباد کا ریڈیو اسٹیشن آل انڈیا ریڈیو اور FM نشریات پیش کرتا ہے۔ Prasar Bharti Broadcasting Corporation of India خود مختار ادارہ ہے اسے حکومت ہند کے کنٹرول سے نکال کر آزاد ادارے کے طور پر قائم کیا گیا۔ مئی 1979ء پرسار بھارتی (Prasad Bharti) بل پارلیمنٹ میں پیش کیا گیا۔ 23/ نومبر 1997ء سے پرسار بھارتی نے آل انڈیا ریڈیو اور دوردرشن کو اپنے قبضہ میں کرلیا۔ اس طرح ہندوستان میں ریڈیو نشریات کی ترقی ہوئی۔ ریڈیو سے موسم کا حال اور عوامی ضرورت کی باتیں دوردراز گاؤں تک بھیجی جاتی ہیں۔ ٹیلی ویژن کے عام ہونے سے ریڈیو کی مقبولیت میں کمی واقع ہوئی۔ 1980ء سے 2000ء تک ریڈیو کا کامیاب زمانہ تھا۔ لوگ بنا کا گیت مالا، جئے مالا اور دوسرے فلمی پروگرام بڑے شوق سے سنا کرتے تھے۔ امین سایانی اور تبسم ریڈیو کے مشہور براڈ کاسٹر رہے ہیں۔ جنھوں نے ریڈیو کا مشہور پروگرام بنا کا گیت مالا اور سبا کا گیت مالا پیش کیا۔ ریڈیو پر ایک عرصے تک کرکٹ کمنٹری سننے کا بھی لوگوں کو بڑا شوق تھا۔ ٹی وی کے آجانے کے بعد کرکٹ کمنٹری سننے کا شوق کم ہوتا گیا۔ ریڈیو کو اخبار ٹیلی ویژن اور Internet سے مسابقت ہے۔ اب Hamm Radio بھی شروع کیے گئے۔ اس طرح ریڈیو ایک اہم ذریعہ ابلاغ ہے۔

ہندوستان میں اردو صحافت

1۔ صحافت کی تعریف: لفظ صحافت عربی زبان کے لفظ ''صحف'' سے ماخوذ ہے۔ جس کے معنی فصیح کتاب یا رسالے کے ہیں جدید عربی میں اخبار یا رسالے کو صحافت کہتے ہیں اور اخباری زبان میں ایسا مطبوعہ مواد جو مقررہ وقفہ سے شائع ہوتا ہے۔ اسے صحیفہ کہتے ہیں۔ تمام اخبارات اور رسائل صحیفے ہیں۔ صحافت کے ذریعہ کوئی خبر اطلاع یا معلومات ایک مقام سے دوسرے مقام تک پہنچائی جاتی ہے۔ انسان کی خواہش ہوتی ہے کہ وہ اپنے سماج، اپنے ملک اور دنیا بھر ہو رہے مختلف قسم کے واقعات، حادثات، حالات، کھیل کود وغیرہ کے بارے میں معلومات رکھے۔ بات جاننے کی انسانی تجسس کی تکمیل صحافت کے ذریعہ ہوتی ہے صحافت معلومات فراہم کرنے کے ساتھ انسانی خبروں کو فروغ دینے کا کام بھی کرتی ہے۔

2۔ صحافت کی اہمیت: انسانی سماج میں صحافت کی بہت اہمیت ہے۔ انسانی ضروریات کی تکمیل میں صحافت بھی اہم حصہ ادا کرتی ہے۔ صحافت کو کسی ملک کے مقنّنہ انتظامیہ اور عدلیہ کے بعد چوتھا اہم ستون کہا جاتا ہے۔ جمہوریت میں صحافت کا اہم مقام ہے۔ سیاست دانوں کی کارکردگی صحافت کے ذریعہ معلوم ہوتی ہے۔ صحافت کا مقابلہ ریڈیو اور ٹیلی ویژن سے ہے۔ یہ دونوں الیکٹرانک ذرائع ابلاغ ہیں اور براہ راست معلومات فراہم کرتے ہیں۔ لیکن اخبار میں گزرے دن کے خبریں ہوتی ہیں۔ اس لیے ریڈیو اور ٹیلی ویژن کے مقابلہ میں اخبار کی اہمیت کم ہوتی ہے۔ لیکن اخبار کی اہمیت اس طرح ہے کہ اسے اپنی مرضی کے مطابق جب چاہے جہاں چاہے پڑھا جاسکتا ہے۔ اخبارات میں مقامی خبریں بھی شائع ہوتی ہیں اور عوامی ضرورت کی

بہت سی معلومات جیسے موسم کا حال، نماز کے اوقات، ترکاری اور اجناس کی قیمتیں، سونے چاندی کا بھاؤ، ریڈیو اور ٹی وی پروگراموں کی تفصیل، اہم سرکاری اعلانات، ریلوے اور ہوائی جہاز کے اوقات کی تفصیل معلوماتی اشتہارات وغیرہ ہوتے ہیں۔ جو ریڈیو اور ٹی وی پر اکثر پیش نہیں ہوتے۔ اخبار سستا ہے ہوتا ہے جب کہ ریڈیو، ٹی وی مہنگا ہوتا ہے۔ اس طرح صحافت کی اہمیت اپنی جگہ ہے۔

3۔صحافت کا آغاز وارتقاء: دنیا میں صحافت کی تاریخ بہت قدیم ہے۔ کتابوں کی چھپائی شروع ہونے سے پہلے بھی صحافت موجود تھی اور چمڑے یا پتھر پر ہاتھ سے لکھے ہوئے تحریر بھیج کر معلومات کی ترسیل ہوتی تھی۔ 751 قبل مسیح میں روم میں قلمی خبرنامہ جاری کیا گیا۔ خبریں عوام تک پہنچانے تک کا سلسلہ کسی نہ کسی طرح چلتا رہا۔ کاغذ کی ایجاد کے بعد اس میں تیزی آئی۔ 1566ء میں وینیس (Venice) شہر میں یہ طریقہ عام تھا کہ ایک شخص کاغذ پر خبریں لکھ کر لاتا اور چوراہا پر ٹھہر کر لوگوں کو خبریں سناتا تھا۔ یہ خبریں حکومت کی نگرانی میں لکھی جاتی تھیں۔ جو لوگ خبریں سنتے ان سے گزیٹ کے نام پر پیسے وصول کیے جاتے اسی لفظ سے گزیٹ لفظ ایجاد ہوا۔ جس کے معنی سرکاری اعلان کے ہیں۔ 16 ویں صدی عیسوی میں انگلستان میں نیوز شیٹ جاری کی جاتی تھی جس میں خبریں ہوتی تھیں۔ چھاپہ خانہ کی ایجاد کے بعد 1609ء میں جرمنی سے پہلا چھپا ہوا اخبار جاری ہوا۔ 1611ء میں برطانیہ میں ایک اخبار جاری ہوا۔ جس کا نام ''نیوز فرم اسپین'' (News from Spain) تھا۔ 1620ء میں برطانیہ سے ہی Weekly News کے نام سے اخبار جاری ہوا اور دنیا بھر میں اخبار نکالنے کا سلسلہ جاری ہوا۔ ہندوستان میں بھی چھاپہ خانے سے پہلے خبریں بھجانے کے طریقے رائج تھے۔ مغل دور میں مختلف مقامات پر خبر پہنچانے والے لوگ مقرر تھے۔ انھیں وقائع نگار، سوانح نگار نامی ہرکارے ہوتے تھے۔ جو ایک علاقے کی خبریں کاغذ پر لکھ کر دوسرے علاقے تک پہنچاتے تھے اور اس طرح خبریں

بادشا خبریں بادشاہ تک پہنچتی تھیں۔ مغل دور کے کئی سو قلمی اخباروں کے نمونے لندن کی Library میں محفوظ ہیں۔ ہندوستان میں East India Company کے قیام کے بعد اخبار نکالنے کا سلسلہ شروع ہوا۔ 29 / جنوری 1780ء کو ایک انگریز James Agustes Hukys نے Huckies Gazette کے نام سے اخبار نکالا۔ یہ ہندوستان کا پہلا مطبوعہ انگریزی اخبار تھا۔ اردو کا پہلا مطبوعہ اخبار جام جہاں نما ہے جو 1822ء میں شروع ہوا۔ اس میں باضابطہ خبریں ہوتی تھی۔ بعد میں اخبار میں خبروں کے علاوہ عوامی ضروریات کی بہت سی باتیں شامل کی گئیں۔

1857ء کی جنگ آزادی سے پہلے ہندوستان کے مختلف شہروں سے اردو اخبار نکلنے شروع ہو گئے تھے۔ 1834ء میں بمبئی سے اردو اخبار آئینہ سکندری جاری ہوا۔ 1836ء میں دہلی سے مولوی محمد باقر نے دہلی اردو اخبار جاری کیا۔ 1837ء میں اتر پردیش کا پہلا اردو اخبار خیر خواہ ہند جاری ہوا، جسے ایک عیسائی نے جاری کیا۔ 1841ء میں سر سید کے بھائی سید محمد خاں نے سید الاخبار جاری کیا۔ 1845ء میں دہلی کالج سے ہفتہ وار اخبار قرءان السعدین جاری ہو۔ اس اخبار میں ادبی، سیاسی اور سائنسی مضامین شائع ہوتے تھے۔ 1847ء میں لکھنو سے اخبار جاری ہوا۔ جس کا نام ''لکھنو اخبار'' تھا۔ اسی طرح 1849ء میں مدراس سے آفتاب عالم تاب، 1850ء میں لاہور سے کوہ نور اخبار جاری ہوئے۔ 1857ء کی جنگ آزادی کے بعد انگریزوں نے اخبارات پر پابندی عائد کرنا شروع کر دیا۔ لیکن ہندوستان کے صحافی اخبار نکالتے رہے۔ سر سید نے سائنٹفک سوسائٹی نام کا اخبار 1866ء میں جاری کیا۔ 1877ء میں لکھنو سے منشی سجاد حسین نے، اودھ پنچ نامی اخبار نکالا اس اخبار میں طنز و مزاح کو شامل کیا گیا۔ 1895ء میں امرتسر سے منشی محبوب عالم نے پیسہ اخبار نکالا، 1901ء میں شیخ عبدالقادر نے لاہور سے مغزن نامی اخبار نکالا۔ حضرت موہانی نے 1903ء میں اردوئے معلہ نامی اخبار نکالا، مولانا

ظفرعلی خان نے 1911ء میں زمیندار نامی اخبار نکالا جو بہت مشہور ہوا۔ 1917ء میں مولانا آزاد نے کلکتہ سے الہلال اخبار جاری کیا۔ اسی سال مولانا محمد علی جوہر نے دہلی سے ہمدرد نامی اخبار نکالا۔ ہندوستان میں اردو صحافت مضبوط ہوگئی اور اس نے آزدای کے جذبے کو پروان چڑھایا۔ جدوجہد آزادی سے قبل لکھنو سے قومی آواز نامی اخبار جاری ہوا۔ جس کے سرپرست پنڈت جواہر لال نہرو تھے۔ آزادی کے بعد ملک بھر سے بڑے بڑے اخبار جاری ہوئے۔ جس میں قومی آواز دعوت 1953ء، عوام 1965ء، ملاپ انقلاب، سالار وغیرہ شائع ہورہے ہیں۔

حیدرآباد کو اردو اخبارات جاری کرنے میں اہم مقام حاصل ہے۔ یہاں پر عالمی معیار کے اخبارات سیاست، منصف، رہنمائے دکن، اعتماد وغیرہ پابندی سے شائع ہورہے ہیں۔ راشٹریہ سہارا اردو کا ایسا بڑا اخبار ہے جو ملک کے پندرہ بڑے شہروں سے یکساں نکلتا ہے اس طرح اردو اخبارات کی تاریخ کافی قدیم ہے۔ اخبارات انسان کی سماجی ضرورت پورا کرنے میں اہم حصہ ادا کرتے ہیں۔

تعلیم میں جدید ٹیکنالوجی کا استعمال

آج ہم اکیسویں صدی میں زندگی گذار رہے ہیں۔ یہ وہ زمانہ ہے جس میں ٹیکنالوجی نے تیز رفتار ترقی کی ہے۔اور خاص طور سے انفارمیشن ٹیکنالوجی کے شعبے میں بہت بڑا انقلاب آیا ہے۔ ایک زمانہ تھا جب کبھی کوئی نادر واقعہ ہوتو اسے بریکنگ نیوز کہا جاتا تھا۔آج ٹیلی ویژن کے نیوز چینلوں پر ہر تھوڑی دیر میں ہمیں دنیا کے کسی حصے سے بریکنگ نیوز کی اطلاع ملتی ہے۔ ہر دن کوئی نہ کوئی نئی ایجاد اور نئے طور طریقے ہماری زندگی میں شامل ہو رہے ہیں۔الیکٹرانک کے شعبے میں حیرت انگیز ترقی ہوئی ہے۔اور جیب میں رکھے جانے والے ایک چھوٹے سے آئی فون میں ہمیں انفارمیشن کے حصول سے متعلق ہر سہولت دستیاب ہے۔ جیسے فون سے بات کرنا ویڈیو کالنگ' انٹرنیٹ براؤزنگ' فیس بک چیاٹنگ' ای میل کی سہوت اور بہت کچھ۔آج کے اس دور میں جہاں ٹیکنالوجی کے بڑھتے اثرات نے زندگی کو تیز رفتار بنادیا ہے۔ وہیں تعلیم کے شعبے میں بھی ٹیکنالوجی کا اثر محسوس کیا جارہا ہے۔اور جدید ٹیکنالوجی کے ذرائع سے استفادہ کرتے ہوئے اساتذہ اسکول' کالج اور یونیورسٹی کی سطح پر پیشہ تدریس کو اثر حاضر کے تقاضوں سے ہم آہنگ کر سکتے ہیں۔اور تعلیمی ادارے بھی اپنے انتظامی امور میں ٹیکنالوجی کو اختیار کرتے ہوئے اپنے انتظامیہ کو بہتر اور فعال بنا سکتے ہیں۔آیئے دیکھیں کہ ٹیکنالوجی کس طریقے سے ہماری موجودہ تعلیم کا حصہ بن رہی ہے۔

تعلیم کا مفہوم:تعلیم کے معنی جاننے کے ہیں کہ جو بات ہمیں نہیں معلوم اسے جاننے کا نام تعلیم ہے۔علمی اصطلاح میں ایک انسان کو اس دنیا میں بہتر زندگی گذارنے کے لئے یا بطور پیشہ کوئی شعبہ اختیار کرنے کے لئے جن باتوں کا جاننا ضروری ہے۔اسے تعلیم کہتے ہیں۔تعلیم صرف کتابی نہیں ہوتی۔ بلکہ زندگی میں آنے والا ہر دن اور اس دن ہونے والے کسی واقعہ سے سبق

حاصل کرنا تعلیم کا ہی حصہ ہے۔ اچھی تعلیم وہی ہے جس میں فرد کی ہر لحاظ سے ترقی ہو۔ تعلیم کا فائدہ یہ ہے کہ انسان کی زندگی سنورتی ہے۔ اور وہ اپنی زندگی کو بہتر بنا سکتا ہے۔ تعلیم روشنی ہے۔ اور جہالت اندھیرا ہے۔ ایک جاہل انسان کبھی کبھی اپنی جہالت سے دنیا والوں کو نقصان بھی پہونچا سکتا ہے۔ اس لئے معاشرے کی ذمہ داری ہے کہ وہ خواندگی کو عام کرے۔ یہی وجہ ہے کہ ہندوستان میں حکومت نے ہر بچے کے لئے لازمی تعلیم قانون بنایا ہے۔ اور بچہ مزدوری کے خاتمے کے لئے اقدامات کئے ہیں۔ ہندوستان میں روپتی 3+2+10 کا نظام تعلیم رائج ہے۔ آج تعلیم کے حصول کے ذرائع میں اسکول کالج یونیورسٹی' اساتذہ اور کتابوں کے علاوہ الیکٹرانک ذرائع جیسے ای کلاس روم' اسمارٹ کلاس' اوور ہیڈ پروجیکٹر' کمپیوٹر سی ڈیز' ٹیابلیٹ کمپیوٹر' لیپ ٹاپ وغیرہ شامل ہیں۔ جن کی مدد سے عصر حاضر کا استاد اپنے نئے زمانے کی تعلیم کو بہتر بنا سکتا ہے۔

اسکول کی سطح پر بہ طور تدریسی وسائل جدید ٹیکنالوجی کا استعمال: اساتذہ کے لئے لازمی ہے کہ وہ دوران تدریس تدریسی آلات جیسے بلیک بورڈ' چاک پین' کتاب' نقشہ جات' تصاویر اور دیگر ماڈلس کا استعمال کریں تا کہ اپنے سبق کو دلچسپ اور معلوماتی بنایا جا سکے۔ اسکول کی سطح پر جب کہ بچہ نوآموز ہوتا ہے۔ اور اسے دنیا کی بہت سی باتوں سے واقفیت نہیں ہوتی۔ وہاں ان تدریسی وسائل کا استعمال لازمی ہے۔ اس کے ساتھ ساتھ آج کل بعض مدارس پرائمری سطح پر کمرہ جماعت کو عصری ٹیکنالوجی سے لیس کر رہے ہیں۔ اور ہر کمرہ جماعت کو پروجیکٹر سے آراستہ کرتے ہوئے لیاپ ٹاپ اور تعلیمی سی ڈیز کی مدد سے اپنے سبق کو بہتر انداز میں پڑھا رہے ہیں۔ اس طرح کی کلاس کو اسمارٹ کلاس کا نام دیا جا رہا ہے۔ بعض تعلیمی ادارے ماہرین کمپیوٹر اور گرافکس و اینیمیشن کی مدد کے ساتھ کتابوں کے روایتی سائینسی سماجی علوم اور ریاضی و زبان کے اسباق کو معیاری بنا رہے ہیں۔ ایسا ہی ایک ادارہ ہے جو educomp کے نام سے کام کر رہا ہے۔ جس کی تعارفی کلاسیس انٹرنیٹ پر دستیاب ہیں۔ educomp ادارے کے لوگ کسی

تعلیمی ادارے سے معاہدہ کرتے ہیں۔ اوران کے نصاب یا خود ادارے کے نصاب کی مکمل کلاسیس کے اسباق انٹرنیٹ اور خصوصی پاس ورڈ کے ذریعے دستیاب کراتے ہیں۔ اوراساتذہ کو تربیت دی جاتی ہے کہ وہ کیسے اسمارٹ کلاس میں پڑھائیں۔ جو تعلیمی ادارے اس طرح کی ٹیکنالوجی استعمال کررہے ہیں ان کے بچوں میں اورروایتی کتاب کاپی قلم سے سیکھنے والے تعلیمی اداروں کے طلبا کے معیار تعلیم میں کافی فرق پایا جاتا ہے۔ تعلیم ایک مسلسل عمل ہے۔ اوراس میں والدین اور تعلیمی اداروں کے ذمہ داروں کے لئے ضروری ہے کہ وہ طلباء کو معیاری تعلیم دینے کے لئے عصر حاضر کے تقاضوں کو مدنظر رکھیں۔ اسکولی سطح پر طلبا کو خصوصی انٹرنیٹ پروگرام کے ذریعے تعلیم کے علاوہ کسی موضوع پر پہلے سے دستیاب سی ڈی کا پروگرام دکھاتے ہوئے بھی تعلیم دی جارہی ہے۔ آج کل کتابوں کی دکانوں میں چھوٹے بچوں کے لئے نظموں کے سی ڈی' انگریزی بول چال سیکھنے کی سی ڈی' وائیلڈ لائف سی ڈی وغیرہ دستیاب ہیں۔ ایسے والدین جو گھر میں کمپیوٹر یا سی ڈی پلیر رکھتے ہیں۔ وہ اس طرح کی معلوماتی سی ڈی حاصل کرتے ہوئے گھر پر بھی بچوں کو ٹیکنالوجی کی مدد سے تعلیم فراہم کرسکتے ہیں۔ انٹرنیٹ تو ان دنوں معلومات کی فراہمی کا سب سے اہم اور ایک طرح سے آسان ذریعہ ہوگیا ہے۔ Google سرچ انجن کا دعوی ہے کہ اس کے ہاں سب کچھ ملتا ہے۔ کسی لفظ کے معنی معلوم کرنا ہو' کسی اور زبان میں اس کا ترجمہ کرنا ہو' کسی موضوع پر تفصیلی معلوماتی مضمون درکار ہو' کسی موضوع کی تصویر درکار ہو یا کسی موضوع پر ویڈیو چاہئے بس گوگل کی سہولتوں ترجمہ' تصاویر' ویکی پیڈیا یا یوٹیوب پر جائیے آپ کی پسند کی ہر چیز اور ہر موضوع کی معلومات دستیاب ہیں۔ اس کے لئے سرچ انجن میں درست الفاظ ٹائپ کرنے ہونگے۔ گذشتہ 11 نومبر کو مولانا ابوالکلام آزاد کے یوم پیدائش پر ملک بھر میں قومی یوم تعلیم تقاریب منائی گئیں۔ ہمارا ارادہ ہوا کہ کیوں نہ انٹرنیٹ سے مولانا آزاد کی آواز میں ان کی تقریر تلاش کی جائے چنانچہ یوٹیوب پر سرچ کرنے پر مولانا آواز کی آواز میں 1947ء میں

کی گئی ان کی تقریر یڈاؤن لوڈ کی گئی اورفون کی مدد سے اسے ریکارڈ کر کے ذریعے مائیک اسے نئی نسل کے طلبا کو سنایا گیا۔اس طرح ٹیکنالوجی کا یہ فائدہ ہوا کہ مولانا آزاد کے گذر جانے کے بعد بھی ان کی آواز ان کے بعد آنے والی نسلیں سن پائی ہیں۔اس طرح والدین اوراساتذہ اگر طلبا پر نگرانی رکھیں اوران کے لئے تعلیمی ویب سائٹس تک رسائی کو ممکن بنائیں تو بچے چھٹی کے اوقات میں انٹر نیٹ سے بہتر طور پر استفادہ کر سکتے ہیں۔جن طلبا کو کمپیوٹر پر ٹائپنگ آتی ہو وہ کوئی سبق ٹائپ بھی کر سکتے ہیں۔بعض مدارس اپنے طلباء کواس طرح کا ہوم ورک دے رہے ہیں اور ای میل کے ذریعے ہوم ورک کی جانچ ہورہی ہے۔بعض طلباء کو ڈرائینگ میں دلچسپی ہوتی ہے۔ان طلباء کو پینٹنگ اور ڈرائینگ میں ماہر بنانے کے لئے کمپیوٹر کے ورڈ آرٹ سافٹ ویر سے مدد لی جاسکتی ہے۔اس طرح اسکول کی سطح پر educomp ' کی اسمارٹ کلاس'لیاپ ٹاپ' سی ڈی اورانٹرنیٹ کی مدد سے جدید ٹیکینالوجی کی مدد سے تعلیم کو بہتر' معلوماتی اور عصر حاضر کے تقاضوں سے ہم آہنگ کیا جاسکتا ہے۔

کالج کی سطح پر بہ طور تدریسی وسائل جدید ٹیکنالوجی کا استعمال: ایک معیاری اسکول سے فارغ جب ایک طالب علم کالج کی زندگی میں قدم رکھتا ہے تو کالج کے انتظامیہ کی ذمہ داری ہے کہ وہ اپنے کالج کو تدریسی وسائل کے طور پر عصر حاضر کے تقاضوں سے ہم آہنگ رکھے۔ چنانچے کالج کا ہر کمرہ جماعت ای کلاس روم ہو جہاں اساتذہ کے لئے پروجیکٹر کے استعمال کی سہولت ہو۔اورطلبا بھی اس سہولت سے استفادہ کر سکیں۔کالج کا طالب علم عنفوان شباب کی عمر کے دور سے گذر رہا ہوتا ہے۔اورآج کل طالب علم انٹرنیٹ' ٹیلی ویژن اور سیل فون کے اچھے برے اثرات کے ساتھ کالج کے ماحول میں قدم رکھ رہے ہیں۔ایسے میں طالب علم کی صلاحیتوں کو مثبت افکار کی جانب موڑنا ایک ماہر تعلیم استاد کی اولین ذمہ داری ہوتی ہے۔ چنانچہ کالج کے کلاس روم میں بھی روایتی کتاب: بلیک بورڈ اور چاک پیس ونقشہ جات کے علاوہ ایک ماہر استاد اپنے لیاپ ٹاپ اور پروجیکٹر کی مدد سے طلباء کو اپنے سبق کو بہتر طور پر سمجھا سکتا ہے۔اس

کے لئے استاد کو کمپیوٹر کا ماہر ہونا ہوگا۔اور وہ پاور پوائینٹ سہولت کی مدد سے مختلف معلوماتی سلائیڈز کی مدد سے اپنے سبق کو بہتر دلچسپ اور عصر حاضر کے تقاضوں سے متعلق ہم آہنگ کر سکتا ہے۔سائینس کے مضامین ہو کہ کوئی اور مضمون جدید ٹیکنالوجی کی مدد سے اسے بہتر طور پر سمجھایا جا سکتا ہے۔ای کلاس کے لئے اسباق کی تیاری ایک مشکل کام ہوتا ہے۔اسے گھر بیٹھے تیار کرنا سب کے بس کی بات نہیں۔اور اگر ایک معیاری سبق تیار ہو تو قومی سطح پر اس سے استفادہ کیا جاسکتا ہے۔ اس کے لئے ریاستی سطح کے انٹر میڈیٹ و ڈگری کے بورڈ اور NCERT,SCERT کی جانب سے ماہر اساتذہ کو طلب کیا جارہا ہے۔اور انہیں تمام سہولتوں سے لیس کمپیوٹر لیاب فراہم کیا جارہا ہے اور انہیں معاوضہ دے کر تعلیمی اسباق تیار کئے جارہے ہیں۔ان اسباق کے ڈی وی ڈیز تعلیمی اداروں کو مہیا کرائے جارہے ہیں۔اور ان کی مدد سے تعلیم کو ٹیکنالوجی سے ہم آہنگ کیا جارہا ہے۔کالج کی سطح پر لائبریری کو بھی عصر حاضر کی ٹیکنالوجی سے ہم آہنگ ہونا ضروری ہے۔اگر لائبریری میں مختلف موضوعات کے سی ڈی ہوں اور کوئی طالب علم لائبریری میں بیٹھ کر کمپیوٹر کی مدد سے وہ سی ڈی دیکھ سکتا ہو تو اس کے علم میں اضافہ ہوتا ہے۔آج کل کالج کی لائبریری کے ایک ہال میں ایک بڑا مانیٹر لگایا جارہا ہے۔اور اگر کسی دن کوئی مضمون کا لیکچرر غیر حاضر ہو تو لائبریری کا انچارج طلباء کے لئے اس مضمون سے متعلق سی ڈی لگاتا ہے اور ساری کلاس ایک لیکچرر کی غیر موجودگی کے باوجود وقت پر ایک اہم لیکچر سے مستفید ہوسکتی ہے۔آج کل کالج کے طلباء کے لئے حکومتی سطح پر چلائے جانے والے خصوصی ٹیلی ویژن چینلوں پر بھی معلوماتی پروگرام نشر کئے جارہے ہیں۔آندھرا پردیش میں MANA TV کے نام سے سرکاری چینل چل رہا ہے۔جس پر ہر تین ماہ کے مختلف پروگرام کا ٹائم ٹیبل دیا جاتا ہے۔اور کالج میں ایک لیکچرر کو اس کا انچارج بنایا جاتا ہے۔ جو وقت مقررہ پر طلبا کو کمرہ جماعت میں جمع کرتا ہے۔اور مخصوص ڈش انٹینا سے نشر ہونے والے پروگرام کا مشاہدہ کرایا جاتا

ہے۔ان پروگراموں میں کچھ براہ راست پروگرام بھی ہوتے ہیں اور طلبا کوفون ان کی سہولت دی جاتی ہے۔تا کہ وہ اپنے شک وشبہ کا اظہار کرسکیں۔اکثر پروگرام ایسے ماہر اساتذہ پیش کرتے ہیں جن کے طریقہ تدریس میں شک وشبہ کی گنجائیش کم ہوتی ہے اور طالب علم کوسیر حاصل معلومات ہوتی ہیں۔قومی سطح پر دوردرشن اور دیگر خانگی ٹیلی ویژن چینل بھی طلباء کے لئے پروگرام پیش کر رہے ہیں جن سے طلبا استفادہ کرسکتے ہیں۔سوشیل میڈیا جیسے فیس بک اور ٹویٹر وغیرہ کو بھی فروغ تعلیم کے لئے استعمال کیا جاسکتا ہے۔ بہت سے طالب علم فیس بک کے دیوانے ہیں۔اگر کوئی تعلیمی ادارہ یا استاد اپنا ایک فیس بک گروپ رکھے اور اس میں اپنے طلبا اور ماہرین تعلیم کوممبر بنائے اور معلومات اور اہم اعلانات کا تبادلہ ہوتواس سے طلبا کی تعلیمی ضرورتیں پوری ہوسکتی ہیں۔ گراج گورنمنٹ کالج نظام آباد کے شعبہ اردو نے بھی اس طرح کا ایک گروپ ''شمع فروزاں'' کے نام سے بنایا ہے۔اس گروپ میں کالج کے طلبا کے علاوہ یونیورسٹی اور کالج کے ماہر اساتذہ ٗماہرین تعلیم ٗشعرا ٗادیب اور کیریر گائیڈنس کے ماہرین شامل ہیں جو اپنی قیمتی معلومات اور افکار سے طلبا کومستفید کرتے ہیں اور گروپ انچارج طلبا کو اہم اعلانات سے واقف کراتے ہیں۔اس طرح تعلیم کے فروغ میں سوشیل میڈیا کا بہتر استعمال ہوسکتا ہے۔اور طلبا کی صلاحیتوں کو منفی رجحانات کے بجائے مثبت رجحانات کی جانب موڑا جاسکتا ہے۔

آن لائین تدریس: انٹرنیٹ کی بڑھتی مقبولیت اوراس کی عام آدمی تک رسائی سے بہت سی سہولتیں عام ہوگئی ہیں۔اورآج آن لائن خدمات کا سلسلہ شروع ہوگیا ہے۔تعلیمی ادارے بھی آن لائن درخواستیں وصول کررہے ہیں۔اور طلباء کومختلف مسابقتی امتحانات کے ہال ٹکٹ بھی آن لائین فراہم کررہے ہیں۔اسی آن لائن سہولت کو تدریس میں بھی استعمال کیا جارہا ہے۔اور آؤٹ سورسنگ خدمات کے ذریعے طلباء کو خانگی ٹیوشن فراہم کیا جارہا ہے۔ہندوستان کے کسی ایک مقام پر رہنے والا ایک قابل استاد دنیا کے کسی بھی گوشے میں موجود اپنے شاگرد کوایک تیز

رفتار کمپیوٹر اور انٹرنیٹ کنیکشن کی بدولت آن لائن ٹیوشن پڑھا سکتا ہے اور یہ سہولت ان دنوں مقبول بھی ہورہی ہے۔آج کل ایسے رائٹنگ پیاڈ بھی دستیاب ہیں جن کی مدد سے اسکرین پر قلم کی طرح لکھا بھی جاتا ہے۔اس طرح آؤٹ سورسنگ اور آن لائن کی بدولت ہر طرح کی تعلیم گھر بیٹھے ممکن ہوگئی ہے۔اور اس کے ذریعے دولت کمانے کے مواقع بھی پیدا ہوگئے ہیں۔کالج کی سطح پر طلبا اس قسم کی سہولت سے بھی استفادہ کرتے ہیں۔ کالج میں چونکہ طے شدہ نصاب ہی پڑھنا ہوتا ہے اس لئے طلبا کو زیادہ کتابوں کی ضرورت نہیں پڑھتی اگر ضرورت ہو بھی تو ای کتابوں کی مدد سے یا انٹرنیشنل لائیبریری سے بہ ذریعے انٹرنیٹ دنیا کے کسی بھی کتب خانے کی لائبیریری سے استفادہ کیا جاسکتا ہے۔کالج کے طلبا کو مسابقتی امتحانوں کی تیاری میں بھی انٹرنیٹ سے مدد ملتی ہے۔اور سابقہ امتحانوں کے پرچے اور امتحان کی تیاری کا موادنیٹ سے حاصل کیا جاسکتا ہے۔اور تدریس کو عصر حاضر کے تقاضوں سے ہم آہنگ کیا جاسکتا ہے۔کالج کے اساتذہ کو کمپیوٹر کی مہارت کا حامل ہونا ضروری ہے۔اور وہ ایک ایسا لیاپ ٹاپ بھی ساتھ رکھے جس میں نیٹ کی سہولت ہو۔آج کل کالجوں اور یونیورسٹیوں میں طلبا کی سہولت کے لئے wifi انٹرنیٹ سہولت دی جارہی ہے طلبا اور اساتذہ اس سہولت سے استفادہ کرسکتے ہیں۔

یونیورسٹی کی سطح پر بہ طور تدریسی وسائل ٹیکنالوجی کا استعمال: کالج کے بعد ایک طالب علم کے لئے حصول علم کا ایک بڑا موقع یونیورسٹی کی تعلیم ہوتی ہے جہاں پوسٹ گرایجویشن کے بعد ریسرچ کے مواقع دستیاب ہوتے ہیں۔ چنانچہ یونیورسٹیوں کا نگران ادارہ یو جی سی اس بات کی کوشش کررہا ہے کہ ہماری یونیورسٹیوں سے ایسے قابل سائینسدان اور ماہر تعلیم تیار ہوں جو ملک اور دنیا کو ان کے مسائل سے نجات دلانے کے لائق بنیں۔اس لئے یو جی سی یونیورسٹیوں کی ترقی کے لئے لاکھوں روپے کا بجٹ منظور کررہی ہے اور تعلیم میں ٹیکنالوجی کے استعمال کے لئے ہر قسم کے وسائل مہیا کرارہی ہے۔ یونیورسٹی میں کلاس روم تدریس کم ہی ہوتی ہے اور طالب

علم کو انفرادی طور پر حصول علم کے مراحل طے کرنے پڑتے ہیں۔ اور یونیورسٹی طالب علم کے لئے علم کا خزانہ لائبریری ہوتی ہے۔ چنانچہ لائبریری میں کتابوں کے علاوہ ای کتابیں اور کمپیوٹر اور انٹرنیٹ کی مدد سے دنیا بھر سے لائبریریوں سے استفادے کی سہولت دستیاب کرائی جاتی ہے۔ حیدرآباد میں یونیورسٹی آف حیدرآباد کی اندرا گاندھی لائبریری جنوبی ہند میں اس طرح کی سہولت کے لئے مشہور لائبریری ہے۔ یونیورسٹی کے پروفیسر کے لئے ضروری ہے کہ وہ پاور پوائنٹ کے ذریعے تدریس کا ماہر ہو۔ چنانچہ وہ ایسے اسباق تیار کرتا رہے اور انہیں مختلف سمیناروں اور سمپوزیموں میں پیش کرتا رہے۔ طلبا اگر اس طرح کے لیکچر میں شرکت کریں تو انہیں استفادے کا موقع ملتا ہے۔ اندرا گاندھی اوپن یونیورسٹی، امبیڈکر اوپن یونیورسٹی اور مولانا آزاد نیشنل اردو یونیورسٹی کا جانب سے ٹیلی ویژن پر تعلیمی پروگرام نشر ہو رہے ہیں۔ جن سے طلبا مستفید ہو سکتے ہیں۔ یونیورسٹی کے طلباء بھی انٹرنیٹ کے ذریعے اپنی معلومات حاصل کر سکتے ہیں۔

تعلیمی ٹیکنالوجی اور اردو: اردو زبان بھی آج انٹرنیٹ سے کافی ہم آہنگ ہو رہی ہے۔ اور اردو ان پیج کے علاوہ اردو یونیکوڈ سافٹ ویر کی مدد سے کمپیوٹر میں باآسانی تحریر کی جا سکتا ہے۔ mbilal.com پر اردو یونیوکوڈ سافٹ ویر دستیاب ہے۔ اس سافٹ ویر کی مدد سے ایم ایس آفس کے تمام پروگراموں میں اردو میں کام کیا جا سکتا ہے۔ اور فیس بک پر اردو میں تحریر کیا جا سکتا ہے۔ اس سافٹ ویر کی مدد سے اردو میں ای کتابوں کا خزانہ بڑھ رہا ہے اور ان پیج سے یونیکوڈ اور یونیکوڈ سے ان پیج اور پی ڈی ایف کنورٹر سافٹ ویر کی مدد سے اردو کمپوزنگ کی دنیا میں انقلاب آیا ہے۔ اور دور جدید میں اردو کتابت کا کام تیز رفتار اور آسان ہو گیا ہے۔ یونیکوڈ سے اردو ای میل بھی روانہ کیا جا سکتا ہے۔ ان پیج کی تحریر کو پی ڈی ایف کنورٹر کی مدد سے آسانی سے دیکھا جا سکتا ہے۔ اس طرح اردو زبان بھی کمپیوٹر سے بہت حد تک ہم آہنگ ہوئی ہے۔ NCPUL فروغ اردو کا قومی ادارہ ہے جس کے تعلیمی پروگراموں سے اردو اور کمپیوٹر کو سکھایا جا رہا ہے۔

تعلیمی اداروں میں انتظامی ضرورت کے لئے ٹیکنالوجی کا استعمال: ایک طرف جہاں تعلیمی معیار کو زمانے کے تقاضوں سے ہم آہنگ کرنے کے لئے ٹیکنالوجی کا استعمال کیا جارہا ہے وہیں انتظامی امور کے لئے بھی تعلیمی ادارے جدید ٹیکنالوجی کا استعمال کر رہے ہیں۔اسکول کی سطح پر ایسا سافٹ ویر استعمال کیا جارہا ہے۔جس کی مدد سے طالب علم کے داخلے سے لے کر اس کے اسکول چھوڑنے تک تمام ریکارڈ ایک داخلہ نمبر کے ساتھ محفوظ کیا جارہا ہے۔ اور طالب علم کی ترقی اور پیشرفت کا اندازہ لگایا جارہا ہے۔گروپ ایس ایم ایس کے ذریعے ٹیچر بچوں کا ہوم ورک والدین کے فون پر میسیج کر رہے ہیں۔اور اسی طرح اہم اعلانات بھی ایس ایم ایس کیئے جارہے ہیں۔طلبا کے پروگریس کارڈ اور امتحانی پرچے اور ماڈل پیپر وغیرہ بھی کمپیوٹر کی مدد سے تیار کیئے جارہے ہیں۔ہائی اسکول اور کالج کی سطح پر اس قسم کے سافٹ ویر استعمال ہو رہے ہیں اور بڑے بڑے تعلیمی ادارے اور بورڈ بچوں کے نشانات کے میمو اور تعلیمی اسنادات کمپیوٹر کی مدد سے تیار کر رہے ہیں۔طلباء کے لئے آن لائین داخلوں کی کونسلنگ ہو رہی ہے۔فیس کا ادخال کور بینکنگ کے ذریعے ہو رہا ہے۔اور طلبا کے ہال ٹکٹ اور او ایم آر بار کوڈ شیٹ بھی کمپیوٹر کی مدد سے تیار کیئے جارہے ہیں۔اور امتحانات کے بعد نتائج کا اعلان اور مزید کاروائی بھی کمپیوٹر اور آن لائن ٹیکنالوجی کی مدد سے ہو رہی ہے۔بعض تعلیمی ادارے اپنے اسٹاف میں وقت کی پابندی اور ڈسپلن لانے کے لئے پنچ کارڈ سسٹم شروع کیئے ہیں۔جس میں ملازمین کی دفتر میں آمد اور روانگی کا ٹائم محفوظ ہو جاتا ہے۔پرنسپل اور ہیڈ ماسٹر سی سی کیمروں کی مدد سے اسکول اور کالج کے انتظامی امور پر نظر رکھ رہے ہیں اور پبلک ایڈریس سسٹم اور اجتماعی فون کی مدد سے رابطہ رکھ رہے ہیں۔اس طرح تعلیمی اداروں میں انتظامی امور میں بھی ٹیکنالوجی اہم رول ادا کر رہی ہے۔ زیراکس مشین، فیاکس مشین، اسکانر اور دیگر آلات بھی تعلیمی اداروں میں کام کی رفتار اور معیار میں فرق پیدا کر رہے ہیں۔

ٹیکنالوجی کے منفی اثرات: تعلیمی ادارے ہوں یا زندگی کا کوئی اور شعبہ ہو آج کل ٹیکنالوجی کا عمل دخل بہت بڑھ گیا ہے۔ لیکن ٹیکنالوجی کے منفی اثرات اور حدود بھی ہیں۔ سب سے پہلی بات کے ہندوستان جیسے غریب اور ترقی پذیر ملک میں جہاں کا عام آدمی روٹی کپڑے اور مکان کے لئے پریشان ہے۔ اسے ٹیکنالوجی تک رسائی حاصل کرنا مشکل ہے۔ ٹیکنالوجی مہنگی ہے۔ اور مہنگی ٹیکنالوجی کی مدد حاصل کرنا تعلیمی اداروں اور عام آدمی دونوں کے لئے مشکل ہے۔ ٹیکنالوجی کے مناسب استعمال کے لئے ماہر افراد کی بھی کمی ہے۔ اور کمپیوٹر ہو کہ پروجیکٹر سب کے چلانے کے لئے برقی کی ضرورت ہے۔ اور ہندوستان میں موسم گرما کے بعد سے کافی عرصے تک ملک کے ہر چھوٹے بڑے شہر اور گاؤں دیہات میں برقی کٹوتی کی جارہی ہے جس کی بنا وسائل رکھنے کے باجود ٹیکنالوجی کا استعمال ممکن نہیں ہو پا رہا ہے۔ اگر کوئی جنریٹر استعمال کرتا ہے تو اس کے اخراجات اور بڑھ جاتے ہیں۔ اس کے علاوہ صحت کے اعتبار سے بھی ٹیکنالوجی کے نقصانات ہیں۔ مسلسل کمپیوٹر کے استعمال سے بینائی متاثر ہو رہی ہے۔ کمر کے درد کی عام شکایت ہے بچے کھیل کود کے بجائے ویڈیو گیمس کی طرف راغب ہو رہے ہیں۔ اور بچوں پر نظر نہ رکھی جائے تو وہ انٹرنیٹ اور فون کے ذریعے فحش ویب سائیٹ تک رسائی حاصل کرتے ہوئے اپنے اخلاق اور صحت کو بگاڑ رہے ہیں۔ ایسے میں تعلیم کے میدان میں ٹیکنالوجی کا استعمال ایک بڑے طبقے کے لئے ایک خواب ہی ہے۔ ملک میں صرف دو تا دس فیصد طبقہ ہی ٹیکنالوجی کے ثمرات سے استفادہ کر رہا ہے۔ ابھی اس کے عام ہونے میں مناسب سرکاری پالیسی اور اس پر سنجیدگی سے عمل کی ضرورت ہے۔ حکومت نے تمام طلبا کو کم قیمت کمپیوٹر آ کاش دینے کا وعدہ کیا ہے۔ اس کے لئے مرکزی وزیر کپل سبل نے اعلان بھی کیا اور اقدامات بھی لیکن ابھی آ کاش کمپوٹر ملک کے عام طالب علم کی پہونچ سے دور ہی ہے۔ مجموعی طور پر تعلیم کے فروغ میں ٹیکنالوجی اہم رول ادا کر رہی ہے لیکن روایتی طریقہ تعلیم بھی اپنی جگہ اہمیت کا حامل ہے دونوں میں توازن کی برقراری وقت کا اہم تقاضہ ہے۔

فیس بک (facebook) سہولت یا لعنت

اکیسویں صدی انفارمیشن ٹیکنالوجی کی صدی ہے۔ اور اس صدی میں انفارمیشن کا انقلاب جس ذریعے سے آیا ہے وہ انٹرنیٹ ہے۔ انٹرنیٹ کیا ہے؟ یہ دراصل ساری دنیا میں ایک دوسرے سے مربوط کمپیوٹر نیٹ ورکس کا ایک وسیع تر نظام ہے۔ جس سے دنیا ایک گلوبل ولیج میں سمٹ گئی ہے۔ فاصلے ختم ہوگئے ہیں۔ اب ہم جب چاہے دنیا کے کسی بھی حصے میں موجود اپنے کسی دوست یا عزیز سے نہ صرف بات کر سکتے ہیں بلکہ اسے اپنے کمپیوٹر اسکرین پر روبرو دیکھ سکتے ہیں۔ انٹرنیٹ پر عالمی سطح پر رابطے' گفتگو اور ایک دوسرے سے اپنی معلومات کا تبادلہ کرنے اور ایک دوسرے کو اپنی تصاویر' ویڈیو اور دیگر معلومات بھیجنے اور حاصل کرنے کا ایک اہم اور ساری دنیا میں مقبول ذریعہ فیس بک ہے۔ فیس بک ایک سماجی نیٹ ورک اور ویب سائٹ ہے جسے فروری 2004ء میں ایک امریکی نوجوان مارک ذوکر برگ نے اپنے دوستوں ایڈوارڈ ساوارن' ماسکو وٹز اور کرس ہیوز کے ساتھ مل کر شروع کیا تھا۔ کہا جاتا ہے کہ فیس بک کی مقبولیت کے بعد کسی کی دعوت اور کوشش سے فیس بک کی بدولت ہی اس کے مالک نے اسلام قبول کرلیا اور اس کا نیا نام مارک ابوبکر ہے۔ فیس بک ایک خانگی ادارہ فیس بک ان کارپوریشن کی ملکیت ہے۔ ابتداء میں فیس بک کی رکنیت سازی ہارورڈ یونیورسٹی امریکہ کے لوگوں کے لئے مختص تھی۔ بعد میں اسے اسٹانفورڈ یونیورسٹی' بوسٹن اور امریکہ کے دیگر شہروں اور پھر انٹرنیٹ کے ذریعے ساری دنیا میں عام کیا گیا۔ فیس بک اب انٹرنیٹ کی مقبول ترین سماجی رابطے کی ویب سائٹ ہے۔ اور اس کے اراکین کی تعداد 80 کروڑ سے زیادہ ہے۔ اگر فیس بک ایک ملک ہوتا اور اس کے اراکین اس کے شہری تو یہ چین 131 کروڑ' ہندوستان 121 کروڑ کے بعد دنیا کا تیسرا بڑا ملک بن جاتا۔

فیس بک کے استعمال کنندگان کو اپنے ای میل آئی ڈی اور پاس ورڈ کے ذریعے رجسٹر کرنا پڑتا ہے۔اوراس کے بعد جب بھی فیس بک پر لاگ ان کرنا ہوتو اپنا ای میل اور پاس ورڈ فیس بک کی سائٹ پر ٹائپ کرنے سے فیس بک کا صفحہ کھل جاتا ہے۔پہلی مرتبہ رجسٹر کرنے والے فیس بک کے تعارفی صفحہ پر اپنا نام پتہ' تاریخ پیدائش' تعلیم' وطن' پسند ناپسند اور دیگر مشاغل سے متعلق معلومات داخل کرتے ہیں۔ جو دیگر لوگوں کو آپ سے دوستی کرنے سے قبل آپ کے بارے میں معلومات فراہم کرتے ہیں۔فیس بک پر اپنی شناخت کے لئے تصویر بھی لگائی جاتی ہے۔لوگ اپنی ذاتی تصویر یا اپنی پسند کی کوئی بھی تصویر شامل کرتے ہیں۔ جب آپ فیس بک پر کوئی اطلاع یا تصویر پوسٹ کرتے ہیں تو آپ کے نام کے ساتھ آپ کی شناخت والی تصویر بھی آپ کے دوست کے اسکرین پر نظر آتی ہے۔ فیس بک کے صفحہ پر search کالم میں آپ کسی دوست کا نام ٹائپ کریں تو ایک نام کے کئے چہرے اوران کی تفصیلات آتی ہیں۔ان میں سے آپ جس دوست سے دوستی کرنا چاہتے ہیں انہیں دوستی شروع کرنے کی درخواست روانہ کی جاتی ہے۔اگر دوسری جانب سے آپ کی دوستی کو confirm کیا جاتا ہے تو وہ شخص آپ کے دوستوں کی فہرست میں شامل ہوجاتا ہے۔اس طرح دوستوں کی فہرست بڑھتی جاتی ہے۔اورایک آئی ڈی پر پانچ ہزار دوستوں کو شامل کرنے کی حد مقرر ہے۔فیس بک پر شناسا دوستوں' عزیزوں کے علاوہ انجان لوگوں سے دوستی اور مراسم بڑھانے کی سہولت ہے۔اور یہی وہ سہولت ہے جس سے دنیا بھر سے نوجوان ایک دوسرے سے دوستی کررہے ہیں۔اور بعض مرتبہ نوجوان لڑکیوں کی معاملے میں یہ دوستی آگے بڑھ کر دھوکہ دہی اور دیگر خطرناک نتائج تک بڑھ رہی ہے۔فیس بک پر اپنی بات پہونچانے کے جو مواقع ہیں ان میں تحریر' تصویر' مختصر ویڈیو' پیغام رسانی' تحریری چاٹنگ اور راست ویب کیام کے ذریعے آڈیو ویڈیو گفتگو کی سہولت ہے۔ جیسے ہی ہم فیس بک پر لاگ ان کرتے ہیں ہمارے دوستوں کو ایک سبز نقطے کے ذریعے پتہ چلتا ہے کہ ہم آن لائن ہیں۔اگر کوئی

ہمیں کال کرے تو ہم چاہیں تو گفتگو کر سکتے ہیں یا کال کو رد کر سکتے ہیں۔ اگر آپ کے کسی دوست کا پیغام یا تصویر یا ویڈیو آپ کو پسند ہو تو آپ share کے ذریعے اسے اپنے صفحے پر پوسٹ کر سکتے ہیں۔ اس طرح مقبول عام تصاویر، پیغامات اور ویڈیو ایک دوسرے صفحے پر گشت کرتی رہتی ہیں۔ ہر پوسٹ کے نیچے like'comment وغیرہ آپشن ہوتے ہیں۔ جن کی مدد سے آپ کسی پیغام پر اپنا تبصرہ کر سکتے ہیں۔ فیس بک پر آپ کی تاریخ پیدائش کے اعتبار سے سالگرہ مبارک کا پیغام بھی دیا جاتا ہے۔ اور اسے نمایاں کیا جاتا ہے۔ اور آپ کے دوست اس پیغام کو پڑھ کا جان لیتے ہیں کہ اس دن آپ کی سالگرہ ہے۔ اور لوگ آپ کو سالگرہ کی مبارکباد دینے لگتے ہیں۔ فیس بک پر نہ صرف انفرادی دوستوں کو شامل کیا جاسکتا ہے۔ بلکہ سماجی دلچسپی کے کئی گروپ ہیں جنہیں آپ گروپ میں شامل کرنے کی درخواست کے ساتھ اس گروپ میں شامل ہو سکتے ہیں۔ نوجوان اپنی مرضی کے گروپ میں شامل ہوتے ہیں۔ کئی مذہبی تعلیمی اور معلوماتی گروپ بھی فیس بک پر مقبول ہیں۔ جب آپ فیس بک کا صفحہ پہلی مرتبہ کھولتے ہیں تو اوپر بائیں جانب سرخ رنگوں میں آپ کو اطلاع ملتی ہے کہ کن کن لوگوں اور کتنے لوگوں نے آپ کو پیغام بھیجا ہے۔ یا آپ کے پیغام کو پسند کیا ہے۔ کن لوگوں نے پیغام دیا ہے اور کن لوگوں نے آپ سے دوستی کی درخواست بھیجی ہے۔ اس نشانی پر کلک کرنے سے آپ کو پیغام بھیجنے والوں کے نام اور ان کی شناخت معلوم ہوگی۔

فیس بک نے اپنے آغاز کے ساتھ ہی مقبولیت حاصل کرنی شروع کی۔ کیونکہ یہ سہولت ابھی تک مفت ہے۔ اس کے لئے آپ کو صرف انٹرنیٹ کنکشن رکھنا ہوگا۔ فیس بک کی بڑھتی مقبولیت دیکھ کر فون بنانے والی بڑی کمپنیوں نے اپنے فون میں راست فیس بک کھولنے کی سہوت دی ہے۔ اب لوگ سفر میں اور جہاں بھی ہوں دنیا بھر کے دوستوں سے رابطہ کر سکتے ہیں۔ اور انہیں پیغام روانہ اور حاصل کر سکتے ہیں۔ 2009ء میں کرائے گئے ایک سروے کے

مطابق فیس بک کو ساری دنیا میں سب سے زیادہ استعمال ہونے والے سماجی ویب سائٹ کا مقام حاصل ہوا ہے۔ فیس بک پر آن لائن گیمس کھیلنے کی سہولت بھی موجود ہے۔ فیس بک کی مقبولیت کا اندازہ اس بات سے لگایا جا سکتا ہے کہ امریکہ کی نصف آبادی فیس بک کی رکن ہے۔ اور یہ تعداد ایشیائی ممالک میں بھی بڑھ رہی ہے۔ تاہم فیس بک کا ایک منفی پہلو یہ بھی ہے کہ اس میں کئی لاکھ کم عمر بچے رکن بنے ہوئے ہیں۔ اور وہ فیس بک کے مضر اثرات کا شکار ہو رہے ہیں۔ فیس بک کو مالیہ کی فراہمی اشتہارات سے ہوتی ہے۔ سنا ہے کہ اس کے صفحات پر کم خرچ میں اشتہارات دئے جاتے ہیں اور اس کے اشتہارات کی مقبولیت بھی بڑھ رہی ہے۔ فیس بک کو غلط استعمال کرنے کی شکایات عام ہیں۔ یہی وجہ ہے کہ یہ اکثر تنازعات میں گھرا رہتا ہے۔ اور دنیا کے چند ممالک جیسے چین، ویتنام، ایران، ازبکستان، پاکستان، شام اور بنگلہ دیش وغیرہ میں فیس بک پر پابندی عائد کی گئی۔ لیکن انٹرنیٹ کے حصول کے ساتھ ہیں اس پر پابندی قائم رکھنا ان ممالک کے لئے مشکل رہا ہے۔ حالیہ عرصہ میں مصر میں جو عوامی انقلاب آیا اس کی شروعات بھی فیس بک کی وجہ سے ہی ہوئی۔ جبکہ ایک خاتون نے فیس بک پر یہ پیغام دیا تھا کہ وہ مصر کے تحریر اسکوائر پر جا رہی ہے۔ تا کہ مصر کی آزادی کی تحریک شروع کی جا سکے اس نے نوجوانوں کو آواز دی کہ اگر وہ چاہیں تو اس کی تحریک میں شامل ہو سکتے ہیں۔ اور فیس بک کے ایک پیغام نے مصر میں حکومت کی بے دخلی میں اہم رول ادا کیا۔ فیس بک پر یہ بھی الزام ہے کہ اس کے ذریعے یہودی لابی اسلام مخالف حملے کر رہی ہے۔ اور لوگوں میں مذہبی منافرت پھیلائی جا رہی ہے۔ اس کا سلسلہ آج بھی جاری ہے۔ جبکہ فیس بک کے ہیا کرس کی جانب سے مسلم ناموں کے ساتھ مسلمانوں کے مقامات مقدسہ کی تصاویر کو دلآزاری کے ساتھ پوسٹ کیا جا رہا ہے۔ لیکن مسلم نوجوانوں کے گروپ فیس بک کو اسلام کو عام کرنے کے ایک مقبول ذریعے کے طور پر استعمال کرنے کی کوشش کر رہے ہیں۔ اس لئے فیس بک پر اسلامی باتیں، احادیث، اقوال زرین اور اسلامی ویڈیوز

پوسٹ کیئے جارہے ہیں۔ فیس بک پر یہ بھی الزام ہے کہ اس سے ملازمین کی کمپنیوں میں کام کرنے کی صلاحیت پر فرق آیا ہے۔ اس لئے کمپنیوں میں فیس بک کے استعمال پر پابندی عائد کی جارہی ہے۔ کیونکہ پیغامات کی وصولی اور بھیجنے میں نوجوانوں کا کافی وقت صرف ہورہا ہے۔ فیس بک پر جھوٹی اطلاعات پوسٹ کرنے سے انتظامیہ کو بھی پریشانیوں کا سامنا کرنا پڑا۔ ایک لڑکی نے فیس بک پر اپنی سالگرہ کا دعوت نامہ پوسٹ کردیا۔ اسے پڑھ کر ہزاروں نوجوان بغیر مدعو کیئے دعوت میں شریک ہوگئے جس سے انتظامی بدنظمی ہوگئی۔ فیس بک نے کئی بچھڑے لوگوں کو ملانے کا کام بھی کیا ہے۔ دنیا میں ایسی مثالیں سامنے آرہی ہیں جس سے کئی سال کے بعد بچھڑے لوگ آپس میں مل گئے۔ اگر فیس بک کو اچھے مقصد کے لئے استعمال کیا جائے تو اس سے سماجی بیداری اور عوامی رابطے کا کام لیا جاسکتا ہے۔ بمبئی میں ایک تنظیم آل انڈیا مسلم پروفیشنلس نامی ہے جس کا فیس بک پر گروپ بھی ہے۔ یہ گروپ مسلمانوں کی تعلیمی‘ اقتصادی اور ملی ترقی کے لئے اچھا کام کررہا ہے اور ساری دنیا سے لوگ اس گروپ پر مسلمانوں کی فلاح و بہبود کے لئے کام کررہے ہیں۔ اسی طرح ایک گروپ کے دولاکھ سے بھی زیادہ اراکین ہیں۔ فیس بک چونکہ نوجوان زیادہ استعمال کرتے ہیں اس لئے ان کی پسند کے گروپ جیسے شعروشاعری گروپ اور دیگر تفریحی گروپ مقبول ہیں۔ اور دیکھا جارہا ہے کہ فیس بک پر نوجوان روزانہ گھنٹوں بیٹھ کر اپنا قیمتی وقت برباد کررہے ہیں۔ جذبات کو برانگیختہ کرنے والی تصاویر‘ پیغامات اور ویڈیو پوسٹ کیئے جارہے ہیں۔ اور فضول باتوں اور چاٹنگ میں وقت گذار رہے ہیں۔ فیس بک سہولت ہے لیکن اس کے غلط استعمال سے یہ ایک لعنت بن گئی ہے۔ نوجوان جھوٹے اکاؤنٹ کھول کر اور خوبصورت تصاویر لگا کر نئے لوگوں کو راغب کررہے ہیں اور ان سے دوستی کے نام پر تعلقات بڑھا رہے ہیں اور بعد میں دھوکہ دہی اور زندگی کی بربادی کی مثالیں سامنے آرہی ہیں۔ چونکہ فیس بک کا رکن سامنے موجود نہیں ہوتا ہے اور نہ ہی اس پر کوئی قانونی کاروائی کی جاسکتی ہے۔ اس لئے اگر کسی کے

اخلاق خراب ہوں تو تہذیب سے گرے ہوئے پوسٹ کرے گا۔اور ہم صرف اس کے پوسٹ کو بلاک کرنے کے علاوہ کچھ نہیں کر سکتے۔اس لئے والدین کی ذمہ داری ہے کہ وہ اپنے نوجوان بچوں کی نقل وحرکت پر نظر رکھیں انہیں قیمتی فون دلانے کے ساتھ انہیں سمجھائیں کہ ان کے لئے کیا صحیح ہے اور کیا غلط۔نوجوانوں کے لئے ضروری ہے کہ وہ اجنبیوں سے دوستی نہ کریں اگر کریں بھی تو ان سے اپنی ذاتی تصاویر اور دیگر شخصی معلومات اور فون نمبر شیئر نہ کریں۔اور جہاں تک ہو سکے اپنی حد میں رہیں۔فیس بک کا سب سے بڑا نقصان وقت کی بربادی ہے۔اگر یہ تجزیہ کیا جائے کہ مسلمانوں کو بے عمل کرنے اور ان کے اخلاق خراب کرتے ہوئے انہیں مذہب سے دور کرنے کی فیس بک کوئی چال ہے تو یہ تجزیہ غلط نہیں ہوگا۔کیونکہ اب مسلم نوجوانوں پر اس کے مضر اثرات ظاہر ہونا شروع ہوگئے ہیں۔اس لئے اس دھوکے میں رہنے کے بجائے کہ ہم فیس بک کے ذریعے اسلام پر ہو رہے حملوں کا جواب دیں گے مسلمانوں کو چاہئے کہ وہ فیس بک کے استعمال میں احتیاط ہی کریں تو بہتر ہوگا۔انٹرنیٹ پر فیس بک کی طرح کئی سہولتیں جیسے بلاگ،ٹویٹر،آرکٹ،یاہو مسینجر،اسکائپ وغیرہ ہیں۔جنہیں نوجوان استعمال کر رہے ہیں۔بہر حال انٹرنیٹ پر موجود حد سے زیادہ معلومات اور اچھی بری جھوٹی سچی معلومات انسان کو زندگی کی ڈگر سے ہٹا رہی ہیں جن کی جانب سنجیدگی سے غور کرنے کی ضرورت ہے۔

انفارمیشن ٹیکنالوجی دور میں اردو کی ترقی

اردو ایک عالمی زبان ہے۔اردو زبان کی گنگا جمنی تہذیب' اردو غزل اور اردو زبان کی ہمہ گیریت نے اسے بلاشبہ دنیا بھر کی مقبول اور پسندیدہ زبان بنادیا ہے۔امیر خسرؔو' ولی' میر و غالب نے اردو زبان کی جو وراثت چھوڑی تھی اس پر اردو کی آنے والی نسلوں نے شاندار تہذیبی عمارت تعمیر کی ہے اور دنیا کی دیگر زبانوں کی طرح اردو بھی اکیسویں صدی کے تقاضوں سے ہم آہنگ ہورہی ہے۔اور اردو زبان میں تعلیم اور روزگار کے بڑھتے مواقع اور اردو کی نئی بستیوں کے براعظم یورپ' امریکہ' آفریقہ اور آسٹریلیا میں قیام اور وہاں اس زبان کی بڑھتی مقبولیت کو دیکھتے ہوئے یہ کہا جاسکتا ہے کہ اردو کا مستقبل روشن ہے۔اور اردو ذریعہ تعلیم سے آگے بڑھنے والے کسی طالب علم کو مایوس ہونے کی ضرورت نہیں ہے۔اکیسویں صدی کو انفارمیشن ٹیکنالوجی کی صدی کہا جاتا ہے۔ ٹیلی ویژن' کمپیوٹر' انٹرنیٹ اور سیل فون کے ذریعے معلومات کا برق رفتاری سے تبادلہ عمل میں آرہا ہے اور انسان انفارمیشن ٹیکنالوجی کے اس طوفان میں مشینی زندگی گذارنے پر مجبور ہوگیا ہے۔اس صدی میں کمپیوٹر اور انٹرنیٹ کے بڑھتے استعمال نے اردو زبان کو بھی اس نئی ترقی سے ہم آہنگ ہونے کا حوصلہ دیا۔اور جو زبان پہلے قلمی کتابت کے ذریعے اخباروں اور کتابوں سے عوام تک پہونچتی تھی۔اب کمپیوٹر کتابت اور الیکٹرانک ذرائع سے ہم آہنگ ہوکر ترقی کی راہیں طے کررہی ہے۔انفارمیشن ٹیکنالوجی میں اردو کی ترقی اپنی ترقی کی راہ پر ہے۔آج سے دو دہائی قبل ان پیج کے ذریعے کمپیوٹر پر اردو کتابت کا کام شروع ہوا۔اور اردو اخبارات اور کتابیں کمپیوٹر کی خوبصورت کتابت سے آراستہ ہوکر شائع ہونے لگی تھیں۔ان پیج کی کتابت میں

صرف تصویری کام ہوتا ہے۔ اور کورل ڈرا اور فوٹو شاپ کی مدد سے رنگین تحریری کام کیا جاتا ہے۔ لیکن یہ کام دوسرے کمپیوٹر پروگراموں میں دیکھا نہیں جاتا۔ اور اردو تحریر کو پڑھنے کے لئے اردو ان پیج لازمی رہا۔ انٹرنیٹ کے فروغ کے بعد گوگل سرچ میں اگر ہم اردو کے کسی موضوع پر اردو میں مواد ڈھونڈنا چاہیں تو اردو ان پیج کی کمزروی سے اردو کا بیش قیمت مواد انٹرنیٹ پر نظر آنے سے محروم رہا۔ جب دنیا میں کمپیوٹر کا استعمال بڑھا اور ٹیلی ویژن' سیل فون اور دیگر ٹیکنالوجی کے آلات میں اردو کے استعمال کی ضرورت بڑھی تو اردو کے علاوہ دنیا کی تمام زبانوں کو کمپیوٹر کے ایم ایس آفس پروگرام اور انٹرنیٹ کے مختلف پروگراموں میں شامل کرنے کے لئے زبانوں کا یونیکوڈ نظام شروع کیا گیا اور اس کے اعتبار سے کی بورڈ کی تشکیل عمل میں آئی۔ اردو میں جمیل نوری نستعلیق اور علوی نستعلیق فانٹس تیار ہوئے۔ جن کی مدد سے ایم ایس آفس کے کسی بھی پروگرام' فیس بک' ٹویٹر اور دیگر پروگراموں اور سیل فون میں اردو لکھنا آسان ہو گیا۔ اور ان پیج کو یونیکوڈ میں منتقل کرتے ہوئے اردو زبان و ادب کا بیش قیمت ذخیرہ انٹرنیٹ پر محفوظ کر دیا گیا ہے۔ آج اگر کوئی گھر بیٹھے اپنے کمپیوٹر پر کلیات اقبال' کلیات غالب دیکھنا چاہتا ہے' مضامین سرسید دیکھنا چاہتا ہے یا اردو کی کوئی بھی کتاب یا کسی موضوع پر مضمون دیکھنا چاہتا ہے تو وہ یونیوکوڈ سہولت کو گوگل سرچ میں استعمال کرے تو اسے اردو زبان و ادب کا ایک نیا جہاں نظر آئے گا۔ اردو وکی پیڈیا پر اردو کے شعرا اور اردو زبان و ادب کے دیگر موضوعات پر معلوماتی مضامین دستیاب ہونگے۔ اردو کے اہم بلاگس' اردو کے ای اخبارات اور اردو زبان و ادب کی دلچسپی کے بہت سے موضوعات دستیاب ہیں۔ ضرورت اس بات کی ہے کہ اردو کی نئی نسل تیار ہو اور وہ ٹیکنالوجی کے اس سفر میں اردو کو بھی آگے لے جائے۔ ہندوستان میں اردو کی ترقی کے ادارہ قومی کونسل برائے فروغ اردو زبان نئی دہلی نے حال ہی میں مرکزی وزیر کپل سبل کی کوشش سے نوکیا فون میں اردو لکھنے اور پیغام رسانی کی سہولت کا آغاز کیا ہے۔ منتخب اے ٹی ایم مشینوں میں اردو تحریر آ گئی ہے۔

اسی طرح اردو والے اپنا کام جیسے ای میل بھیجنا یا مضامین بھیجنا ہوتو اسے اردو میں یونیکوڈ کی مدد سے بھیجیں۔اردو کی اس ٹیکنالوجیکل ترقی کے علاوہ اردو کے اور بھی مواقع ہیں۔جیسے اردو صحافت میں پرنٹ اور الیکٹرانک میڈیا میں اردو صحافیوں کی مانگ ہے۔اردو کی طباعت اور اشاعت کے کاموں میں اضافہ ہوا ہے۔ڈی ٹی پی اور کمپوزنگ کا کام جاننے والے اردو سے روزگار حاصل کر سکتے ہیں۔ اردو کے دیگر دستیاب مواقع سے بھی استفادہ حاصل کرنا وقت کا اہم تقاضہ ہے اور اردو کے مسائل کو پہچانتے ہوئے انہیں حل کرنا اردو کی آنے والی نسلوں کی اہم ذمہ داری ہوگی۔

اردو ذریعے تعلیم سے روزگار اور ملازمت کے مواقع مسائل اور امکانات

اردو ذریعے تعلیم سے آج جتنے روزگار کے مواقع ہیں شائد ماضی میں اتنے مواقع نہیں تھے۔آیئے دیکھیں کہ اردو ذریعے تعلیم سے کون لوگ تعلیم حاصل کرتے ہیں۔ان کی سماجی اور معاشی حیثیت کیا ہے۔حکومت اور عوامی اداروں کی جانب سے انہیں روزگار اور ملازمت حاصل کرنے کے کیا مواقع دستیاب ہیں اور کیا مواقع متوقع ہو سکتے ہیں۔جب اردو کی بات ہوتی ہے تو کچھ دل خوش کن باتیں ہوتی ہیں کچھ قراردادیں منظور ہوتی ہیں اور کچھ وعدے ارادے ہوتے ہیں لیکن عملی کام کچھ نہیں ہوتا۔اردو عالمی سطح پر ایک مقبول زبان ہے۔برصغیر کے کروڑوں عوام کی مادری زبان ہے۔چونکہ اردو بولنے والوں کی ایک بڑی تعداد مسلمانوں کی ہے تو کچھ فرقہ پرست ذہن رکھنے والوں نے اردو کو مسلمانوں کی زبان قرار دے دیا اور اسی مریضانہ ذہنیت پر عمل کرتے ہوئے ارباب اقتدار نے ہر زمانے میں اردو کے ساتھ ناانصافی کرنے کی کوشش کی لیکن ہر بار اردو اپنی مقبولیت کے گراف کو اونچا کرتی ہی گئی۔اور آج ہندوستان کا سیکولر طبقہ یہ بات مانتا ہے کہ اردو مسلمانوں کی نہیں بلکہ ہندوستان اور سارے عالم کی ایک مقبول زبان ہے۔میں اپنے موضوع پر آندھرا پردیش اور موجودہ علاقہ تلنگانہ کی حد تک بات کرتا ہوں۔

یہاں تعلیمی نظام 3+2+10 رائج ہے۔یعنی ہائی اسکول میں دسویں جماعت تک اس کے بعد انٹر کے دو سال اور ڈگری کے تین سال۔ذریعے تعلیم کے بارے میں ماہرین تعلیم کی یہ متفقہ رائے ہے کہ بچے کی ابتدائی تعلیم کم از کم مادری زبان میں ہونا چاہئے۔بچہ اپنے گھر سے فطری طور پر مادری زبان سیکھ کر آتا ہے۔اگر اس کی ابتدائی تعلیم مادری زبان سے شروع ہو تو

اسے پھر سے انڈے یا سیب کو انگریزی، تلگو یا ہندی میں کیا کہتے ہیں دماغ لڑانے کی ضرورت نہیں پڑے گی اور وہ سائینس ریاضی اور سماجی علوم کو بھی اپنی مادری زبان میں پڑھتے ہوئے ترقی کر سکتا ہے۔ واضح رہے کہ چین جاپان روس، امریکہ اور فرانس جیسی ترقی یافتہ قومیں اپنی مادری زبان میں تعلیم حاصل کرتی ہیں یہ اور بات ہے کہ انگریزی کی عالمی مقبولیت کے سبب اب چینیوں اور جاپانیوں کو انگریزی سیکھنے کی ضرورت پڑ گئی ہے۔ ہمارے ہاں چونکہ انگریز حکمران رہے تھے اس لئے انہوں نے جاتے جاتے انگریزی کا چلن ہندوستان میں عام کر دیا۔ انہوں نے حکومت چلانے اور عدلیہ کے جو قوانین بنائے وہ سب انگریزی میں تھے۔ اور آزادی کے بعد بد قسمتی سے سرکاری کام کاج اور دفتری کاروائی انگریزی میں ہونے سے ہندوستان میں انگریزی ذریعے تعلیم کو حصول روزگار اور ترقی کا پہلا اور بنیادی ذریعہ تسلیم کیا گیا۔ حکومت کی جانب سے CBSC تعلیمی اداروں کی سرپرستی اور خانگی سطح پر انگریزی میڈیم تعلیمی اداروں کو پروان چڑھنے کی کھلی چھوٹ دینے سے گذشتہ بیس سال میں ہندوستان میں تعلیم کے شعبے میں بڑا نقصان ہوا ہے۔ اور ماہرین تعلیم کی رائے کے باجود ملک کا دولت منداور متوسط طبقہ اپنے بچوں کو مادری زبان اردو یا کوئی اور زبان ہو غیر فطری انگریزی میڈیم سے تعلیم دلانے لگا ہے۔ اور کوا چلا ہنس کی چال نہ ادھر کے رہے نہ ادھر کے رہے کہ مصداق ان انگلش میڈیم اسکولوں میں پڑھنے والے بچے معیار کے اعتبار سے پیچھے رہ گئے۔ جب کہ مادری زبان کے مدارس صرف سرکاری مدارس رہ گئے جہاں غریب اور متوسط گھرانے کے طلبا پڑھنے لگے۔ جن کے معاشی اور معاشرتی حالات ایسے رہے کہ وہ بچے اعلیٰ تعلیم کے مدارج طے نہیں کر پا رہے ہیں۔ آج جب ہم ہمارے تعلیمی نظام پر نظر ڈالتے ہیں تو پتہ چلتا ہے کہ تلنگانہ کے علاقے میں اردو بولنے والے کثرت کے علاقوں میں بے شمار اردو میڈیم مدارس ہیں۔ لیکن ہر سال داخلوں کے موقع پر اساتذہ کو گلی گلی پھر کر بچوں کو اسکول میں داخلہ دلانے کے لئے راغب کرنا پڑتا ہے جب کہ حکومت نے دوپہر کے

کھانے کی اسکیم بھی چلا رکھی ہے۔اب یہ ماحول بنا دیا گیا ہے کہ جس کے پاس دولت نہیں وہ ان اردو مڈیم اسکولوں میں برائے نام اپنے بچوں کا داخلہ کراتے ہیں اور کسی طرح ہائی اسکول اور انٹر تک یہ بچے اردو میڈیم میں تعلیم حاصل کرتے ہیں۔آج ان اسکولوں میں لڑکیوں کا تناسب تو حوصلہ افزا ہے لیکن لڑکوں کی تعداد نہیں کے برابر ہے۔جن والدین کے پاس کچھ پیسے ہیں وہ اپنے بچوں کو انگریزی میڈیم میں بھاری بھاری فیس دے کر پڑھا رہے ہیں۔اردو میڈیم سے پڑھنے والے طالب علم کو یہ کہہ کر مایوس کیا جاتا ہے کہ اردو سے پڑھ کر اسے کیا ملے گا۔اور اردو میں اعلیٰ تعلیم کہاں ہے۔جب کہ آزادی سے بہت قبل نظام حیدرآباد میر عثمان علی خان نے مادری زبان میں اعلیٰ تعلیم کی اہمیت دیکھتے ہوئے حیدرآباد میں عظیم مادر علمیہ جامعہ عثمانیہ قائم کی تھی اور اس یونیورسٹی میں روایتی، فنی اور تمام سائینسی مضامین کی اعلیٰ تعلیم صرف اردو میں دی جاتی تھی۔ تعلیم کے لئے درکار اہم ضرورت نصابی اور دیگر نصابی کتابوں کی دستیابی کے لئے دارلترجمہ کا قیام عمل میں لایا گیا تھا۔اس یونیورسٹی اور اس کے درالترجمہ نے جو کام اردو میں کیا تھا اس کے ثمرات آج بھی ہندوستان اور پاکستان میں اردو ذریعے تعلیم کے فروغ کے لئے استعمال کئے جارہے ہیں۔عثمانیہ یونیورسٹی کے فارغین انگریزی کے بھی ماہر ہوا کرتے تھے اور وہ اس زمانے کے آئی سی ایس امتحان میں بھی کامیاب ہوتے تھے اور دنیا بھر میں عثمانیہ کے ع کا نام روشن کرتے تھے۔عزیز احمد، ڈاکٹر حمید اللہ، ہاشم علی اختر اور بے شمار فارغین عثمانیہ نے اردو میڈیم سے تعلیم حاصل کرنے کے باجود دنیا بھر میں نام روشن کیا۔آزادی کے بعد عثمانیہ سے اردو ذریعے تعلیم کو ایک سازش کے تحت ختم کر دیا گیا۔اور اب اردو جامعہ عثمانیہ کی سنگی دیواروں سے ٹکرا کر دم توڑ رہی ہے۔

اردو سے اعلیٰ تعلیم کی اہمیت کو پیش نظر رکھتے ہوئے اہالیان اردو کی خواہش پر حیدرآباد میں اردو کی مرکزی یونیورسٹی مولانا آزاد نیشنل اردو یونیورسٹی قائم ہوئی ہے۔جس میں اردو میں

روایتی کورسز کے ساتھ فنی اور عصری علوم کی تعلیم دی جارہی ہے اور بہت جلد اس یونیورسٹی میں طب،طبعیات، کیمیا، ریاضی کے شعبے بھی قائم ہونگے اس کے لئے ایک مرتبہ پھر دارلترجمے کی ضرورت ہوگی۔ جس کو یونیورسٹی کے ارباب مجاز ملحوظ رکھیں۔ جب یہ یونیورسٹی مکمل طور پر کام کرنے لگے گی تب اردو ذریعے تعلیم سے آگے بڑھنے والے طالب علم کو عصری حالات سے ہم آہنگ ہونے کا بھرپور موقع ملے گا۔

اب جہاں تک اردو سے سرکاری ملازمتیں ملنےاور روزگار کا مواقع کا معاملہ ہے جائزہ لیں تو پتہ چلتاہے کہ تدریس کے شعبے میں اردو میڈیم کے طالب علموں کے لئے سرکاری ملازمت میں داخل ہونے کے خاطر خواہ مواقع دستیاب ہیں۔ اردو میڈیم سے انٹر کے بعد طلبا ڈائٹ سیٹ کامیاب کریں اور ٹی ٹی سی کی تربیت حاصل کریں تو وہ ایس جی ٹی جائیداد کے اہل ہو سکتے ہیں جس میں ابتدائی تنخواہ 25 ہزار تک ہے۔ حیدرآباد کے مقابلے میں تلنگانہ کے دیگر اضلاع میں اس جانب رجحان زیادہ ہےاور ہزاروں طلبا وطالبات اردو میڈیم اس لئے پڑھتے ہیں کہ انہیں ٹیچر کی سرکاری نوکری ملے۔ حیدرآباد میں اس رجحان کو فروغ دینے کی ضرورت ہے۔ اگر طلباء ڈگری کے بعد بی ایڈ کریں تو انہیں اسکول اسسٹنٹ کے ہائی اسکول ٹیچر بننے کے مواقع ہیں۔ جس میں جائیدادیں کم ہیں۔ سائنس سے پڑھنے والے طلبا کی خواہش ہوتی ہے کہ وہ بھی ڈاکٹر یا انجینیر بنیں۔ ایم بی بی ایس میں نشستیں محدود ہیں اور اردو میڈیم کا طالب علم ایم بی بی ایس کے معیار کو نہیں پہونچ سکتا۔ ایسے طلبا کو مایوس ہونے کی ضرورت نہیں ہے۔ بی یو ایم ایس ایک ایسا کورس ہے جس میں اردو میڈیم سے تعلیم حاصل کرتے ہوئے طلباء ڈاکٹر بن سکتے ہیں اور ایم ڈی بھی کر سکتے ہیں۔ حیدرآباد کے یونانی میڈیکل کالج اور کرنول کے عبدالحق یونانی کالج میں 50-50 نشستیں دستیاب ہیں۔ جس کے لئے صرف ایک یا دو ہزار طلباء ہی انٹرنس لکھ رہے ہیں اس جانب عوامی شعور بیداری کی ضرورت ہے۔ حیدرآباد میں سیاست ہال میں اس کی کوچنگ دی

جاتی ہے۔ اضلاع میں سائینس کے لیکچررس کی ذمہ داری ہے کہ وہ اپنے طلبا کو اس کورس کی جانب راغب کریں۔ کیونکہ بی یو ایم ایس کے بعد جونیر میڈیکل آفیسر کے نام سے سرکاری ملازمتیں بھی ہیں۔ اور بہت سے یونانی ڈاکٹرس آج سماج میں خدمات انجام دے رہے ہیں۔ انگریزی میں مہارت حاصل کرتے ہوئے اردو میڈیم ریاضی کے طلبا انجینیر نگ اور پالی ٹیکنیک میں جاسکتے ہیں۔

موجودہ دور میں تین شعبے ایسے ہیں جس میں ملازمت کے مواقع زیادہ ہیں وہ بزنس، جرنلزم اور قانون کے ہیں۔ مولانا آزاد اردو یونیورسٹی میں اردو میں ایم بی اے کی سہولت ہے اور وہاں کے شعبہ جرنلزم میں اردو میں پرنٹ اور الیکٹرانک میڈیا کی تعلیم دی جارہی ہے۔ اگر طالب علم میں انگریزی کا ذوق ہو اور وہ اردو میڈیم سے بھی ایم بی اے کرے تو اپنی ذاتی قابلیت اور مہارت کی بیناد پر ایم بی اے کی بنیاد پر ملازمت حاصل کرسکتا ہے۔ جرنلزم شعبے میں جو طالب علم اردو میڈیم سے تعلیم حاصل کررہے ہیں وہ پرنٹ اور الیکٹرانک میڈیا کے قومی و بین الاقوامی صحافتی اداروں میں ملازمت حاصل کررہے ہیں۔ بی بی سی، ڈوئشے ویلے جرمنی، ریڈیو جاپان وغیرہ میں اردو صحافیوں کے لئے مواقع ہیں۔ حیدرآباد میں ای ٹی وی کے علاوہ ساکشی، ایچ ایم ٹی وی 4وی، روبی اور دیگر چینلوں پر خبریں پڑھنے اور پردے کے پیچھے خبرین بنانے کے لئے ماہر صحافیوں کو ملازمت کے مواقع مل رہے ہیں۔ اردو کے بڑے اخبارات سیاست، منصف، اعتماد، سہارا، رہنمائے دکن وغیرہ میں رپورٹر اور سب ایڈیٹر کے لئے اچھے مواقع دستیاب ہیں۔ جرنلزم سے جڑا ہوا ایک اور شعبہ اردو کمپیوٹنگ اور ڈی ٹی پی کا ہے۔ اگر کسی کو اردو ٹائپنگ اور ڈیزائننگ میں مہارت ہو تو اسے اخباری اداروں میں پرکشش تنخواہ پر ملازمت مل رہی ہے اس کے علاوہ خود سے ڈی ٹی پی اور ڈیزائینگ کرتے ہوئے روزگار حاصل کیا جاسکتا ہے۔ چھتہ بازار اور لکڑی کا پل کے اشاعتی اداروں میں اردو کے ماہرین ہیں لیکن بہت کم ہیں اس

جانب توجہ کی ضرورت ہے۔ اردو اکیڈیمی اور قومی کونسل برائے فروغ اردو زبان کے کمپیوٹر کے ادارے طلبا کو اردو کمپیوٹر سکھا رہے ہیں۔ جہاں تک قانون کے شعبے کی بات ہے اگر اردو میڈیم کا طالب علم انگریزی سے قانون کی تعلیم حاصل کرتا ہے تو وہ بھی اچھا قانون داں بن سکتا ہے۔ آج نلسار یونیورسٹی کے فارغین کو سالانہ ایک کروڑ سے ذیادہ تنخواہ آفر کی جارہی ہے۔

انٹر یا ڈگری تک اردو میڈیم پڑھنے والا طالب علم ریلوے اور بنکنگ کے امتحان لکھتے ہوئے بھی بہت سے روزگار کے مواقع سے استفادہ کرسکتا ہے۔ اس کے لئے بروقت معلومات رکھنے کی ضرورت ہے۔ آئی اے ایس کی تعلیم ملک کی سب سے اعزازی تعلیم ہے۔ اردو میڈیم کے طالب علم اس جانب توجہ ہی نہیں کرتے کہ انہیں اس جانب راغب کرنے والے کوئی نہیں۔ ملک میں ہر سال جو ایک ہزار کے قریب آئی اے ایس منتخب ہوتے ہیں ان میں صرف 30-40 اردو جاننے والے ہوتے ہیں۔ جب کہ آئی اے ایس میں ایک پرچہ اختیاری مضمون کا ہوتا ہے جس میں اردو اختیاری مضمون لیا جاسکتا ہے۔ حال ہی میں کشمیر کے شاہ فیصل نے اردو اختیاری مضمون لیتے ہوئے آئی اے ایس کامیاب کیا تھا۔ حیدرآباد میں مولانا آزاد اردو یونیورسٹی اور اقلیتی بہبود کے ادارے CDEM کے تحت ہر سال منتخب امیدواروں کو آئی اے ایس کی کوچنگ دی جارہی ہے لیکن اس کے ثمرات آنا باقی ہیں۔ بہرحال اردو میڈیم کا طالب علم باوقار آئی اے ایس بننے کا خواب دیکھے تب ہی وہ حقیقت تک پہونچ سکتا ہے۔

اردو میڈیم سے مولانا آزاد اردو یونیورسٹی میں روایتی کورسز میں کامرس، تاریخ، پبلک اڈمنسٹریشن اور نامپلی کالج میں معاشیات میں ایم اے کی تعلیم کی سہولت ہے جس کی بنیاد پر طلبا لیکچرر بن سکتے ہیں۔ آندھرا پردیش کی تمام ہی جامعات میں اردو مضمون کا شعبہ ہے جہاں پی ایچ ڈی تک اردو کی تعلیم ہے۔ جس کی بنیاد پر طلبا جونیر ڈگری کالج میں لیکچرر بن سکتے ہیں اور یونیورسٹی میں اسسٹنٹ پروفیسر بن سکتے ہیں اور ہمارے سامنے مثال ہے کہ ساتاواہانا یونیورسٹی کریم نگر اور

تلنگانہ یونیورسٹی نظام آباد میں طلبا اردو کے شعبوں میں لیکچرر کے عہدوں پر فائز ہیں۔ اردو میں پی جی والوں کے لئے جے آر ایف اور نیٹ امتحان ہیں جس میں کامیابی کے بعد ترقی کے مواقع ہیں۔ مرکزی یونیورسٹیوں میں اردو میں پی ایچ ڈی کرنے والوں کو ماہانہ آٹھ ہزار اسکالرشپ دی جا رہی ہے۔ جسے ریاستی یونیورسٹیوں میں توسیع دینے کی ضرورت ہے۔ مولانا آزاد نیشنل ایجوکیشن فاؤنڈیشن دہلی کی جانب سے ہر سال اردو میڈیم سے پی ایچ ڈی کرنے والے طلبا یا اقلیتی طلبا کو ماہانہ بیس ہزار اسکالرشپ دی جا رہی ہے اور حیدرآباد میں کئی طلبا اس سے فائدہ اٹھا رہے ہیں۔ اضلاع کے طالب علموں کو اس جانب رہبری کرانے کی ضرورت ہے۔

اردو میڈیم سے ابتدائی تعلیم حاصل کرنے کے بعد اگر کوئی طالب علم انگریزی میڈیم سے ڈگری اور بی ایڈ کرتا ہے تو اسے حکومت کی جانب سے نئے شروع کردہ ماڈل اسکولوں میں ملازمت دی جا رہی ہے۔ ملازمت کے ان مواقع کے علاوہ اردو میڈیم طالب علم کو اپنی ذاتی محنت اور صلاحیت کی بنیاد پر خانگی شعبے میں بھی بھرپور مواقع ہیں۔ ترجمہ بھی ان دنوں ایک فن کی صورت اختیار کر گیا ہے۔ انگریزی سے اردو یا عربی یا مقامی زبان سے اردو کے مترجمین کے لئے ملازمت کے مواقع دستیاب ہیں۔ حکومت یا بنکوں سے قرض حاصل کرتے ہوئے اردو کا طالب علم کوئی بھی کاروبار یا ادارہ کھول سکتا ہے۔ واضح رہے کہ زبان کی مہارت بے کار نہیں جاتی اگر کسی کو اچھا بولنے آئے تو وہ موجودہ میڈیا کلچر میں آر جے اور وی جے بن سکتا ہے۔ حیدرآباد سے کچھ نوجوان اس شعبے میں آگے بڑھ رہے ہیں۔ جاب ورک کے عنوان پر بہت سا کام روزگار دلا سکتا ہے۔ اور لوگ یہ کام کر رہے ہیں۔

ضرورت اس بات کی ہے کہ اردو میڈیم کے طالب علم کی حوصلہ افزائی کی جائے۔ اس کی رہبری کی جائے اور خود طالب علم بھی اپنے اندر خود اعتمادی پیدا کرے کہ ٹاپ کی پوزیشن اس کی ہوگی۔ یہ حقیقت ہے کہ اردو میڈیم والوں کے لئے مواقع کم ہیں۔ اس لئے ضرورت اس

بات کی ہے کہ ہمارے سیاسی قائدین اور اردو کے فروغ کا نعرہ دینے والے سنجیدگی سے حکومت کی سطح پر اقدامات کریں۔ زبان اور زبان والوں کی ترقی کے لئے حکومت کی سرپرستی ضروری ہے۔ آنے والے تلنگانہ میں اردو کو لازمی طور پر ریاست کی دوسری سرکاری زبان بنایا جائے اور حکومت کے کام اردو میں بھی ہوں تب اردو ذریعے تعلیم سے ترقی ممکن ہوگی۔ اس بات کو شدت سے اٹھایا جائے کہ اردو والوں کو جیسے تلگو لازمی پڑھائی جارہی ہے ویسے ہی تلگو والوں کو بھی لازمی طور پر اردو پڑھایا جائے اس سے بھی اردو کی ترقی ممکن ہوگی جیسے عثمانیہ یونیورسٹی کے دور اول میں ہوا تھا کہ سب اردو میں تعلیم حاصل کرتے تھے۔ بہر حال یہ چند معلومات تھیں جس سے امکان ہے کہ اردو میڈیم کے طالب علم کو رہبری ہوگی۔